国际工程教育丛书

乔伟峰　徐立辉　郭哲　潘小春　编著

工程教育国际竞争力研究

清华大学出版社
北京

版权所有，侵权必究。举报：010-62782989，beiqinquan@tup.tsinghua.edu.cn。

图书在版编目（CIP）数据

工程教育国际竞争力研究／乔伟峰等编著. -- 北京：清华大学出版社，2024.7. -- （国际工程教育丛书）.
ISBN 978-7-302-66672-1

Ⅰ．G649.21

中国国家版本馆CIP数据核字第2024HN2331号

责任编辑：马庆洲
封面设计：常雪影
责任校对：欧 洋
责任印制：宋 林

出版发行：清华大学出版社
网 址：https://www.tup.com.cn，https://www.wqxuetang.com
地 址：北京清华大学学研大厦A座
邮 编：100084
社 总 机：010-83470000
邮 购：010-62786544
投稿与读者服务：010-62776969，c-service@tup.tsinghua.edu.cn
质量反馈：010-62772015，zhiliang@tup.tsinghua.edu.cn

印 装 者：河北鹏润印刷有限公司
经 销：全国新华书店
开 本：165mm×240mm 印 张：11.75 字 数：202千字
版 次：2024年7月第1版 印 次：2024年7月第1次印刷
定 价：70.00元

产品编号：103105-01

总　序

近年来,中国工程院设立工程科技咨询研究课题,开展了"工程教育改革与发展研究""创新型工程科技人才培养研究""建立具有国际实质等效性的中国高等工程教育专业认证制度研究""院校工程教育的工程性与创新性问题研究""工程教育专业认证制度与工程师注册制度衔接问题的研究""国际工程教育合作战略研究""'一带一路'工程科技人才培养及人文交流研究""构建工程能力建设研究"等一系列课题研究。这些研究具有重要的理论意义和现实意义,是加快我国创新型国家建设的迫切需要,是推动工程师培养制度改革的需要,是促进工程科技人才培养与人文交流的需要。这些课题的研究有利于提出相关政策建议,对于深化工程科技人才培养、鼓励和引导工程科技人才成长具有重要的战略意义。

特别要强调的是,在中国工程院和清华大学共同申请和推动下,2015年11月经联合国教科文组织(UNESCO)第38次大会批准,2016年6月联合国教科文组织国际工程教育中心(ICEE)在北京正式签约成立。该工程教育中心以联合国教科文组织"可持续发展"的宗旨和原则为指导,以推动建设平等、包容、发展、共赢的全球工程教育共同体为长期愿景,围绕全球工程教育质量提升与促进教育公平的核心使命,致力于建设智库型的研究咨询中心、高水平的人才培养基地和国际化的交流合作平台。

目前,国际工程教育中心研究人员牵头承担或作为核心成员参与联合国教科文组织、中国工程院、国家自然科学基金委、国家教育部委托的重大咨询研究项目,在提升中心的国际影响力、政策影响力和学术影响力等方面发挥越来越大的作用。

为了更好地反映国际工程教育发展的过程和趋势,反映工程教育中心的研究成果,拟将近年来完成的报告、论文等汇集出版。

这些资料真实地记录了近些年来我国工程教育研究的发展进程。这些成果作为工程教育的研究方法和政策过程是有一定的回顾意义和现实意义的,反映了我国工程教育发展进程中的历史价值,以供后来者对工程教育研究历史进行梳理和追溯。

世界处于百年未有之大变局中,工程科技突飞猛进既是百年变局的一项基本内容,也是百年变局的基本推动力量。全球科技创新进入空前密集活跃的时期,这对于工程领域人才培养和人文交流模式变革,对于提高国家竞争力都提出了非常迫切和现实的要求。可以说,这就是我们编写和出版此书的意义所在。

培养造就大批德才兼备的卓越工程师,是国家和民族长远发展大计。工程教育和工程师培养是国家人才战略的重要组成部分,人才培养为推进新型工业化、推进中国式现代化提供了基础性战略性支撑。当前,广大工程教育工作者和广大工程师以与时俱进的精神、革故鼎新的勇气、坚韧不拔的定力、不断突破关键核心技术,铸造精品工程、"大国重器"。

工程教育界的同仁们牢记初心使命、胸怀"国之大者",矢志爱国奋斗、锐意开拓创新,不断提升国家自主创新能力,更好满足人民日益增长的美好生活需要,为加快实现高水平科技自立自强、建设世界科技强国作出突出贡献。

2024 年 1 月于北京

[吴启迪,教授,联合国教科文组织国际工程教育中心(ICEE)副理事长兼中心主任,清华大学工程教育中心主任,曾任教育部副部长、同济大学校长等职。]

目　　录

导言 / 1

第一章　工程教育国际竞争力的理论探索与趋势前沿 / 3
　一、研究背景与意义 / 3
　二、竞争力与教育竞争力 / 6
　三、工程教育竞争力 / 11
　四、相关理论评述 / 12
　五、中国工程教育国际竞争力提升面临的挑战 / 18

第二章　工程教育国际竞争力研究方法与评价指标 / 25
　一、研究方法 / 25
　二、评价数据的一致性与缺失问题 / 26
　三、指标设计原则 / 27
　四、指标体系框架 / 29
　五、指标详细解读 / 33

第三章　入学机会与大学表现的国别比较 / 44
　一、高等教育在校生总规模 / 44
　二、高等教育毛入学率 / 47
　三、高等工程教育在校生占比 / 51
　四、高等工程教育毕业生占比 / 53
　五、国际流动学生的净流量 / 57
　六、世界大学排行榜总体表现 / 58
　七、世界大学排行榜工程学科表现 / 63

八、相关指标的组合分析 / 66

九、小结 / 71

第四章　教育资源可获得性的国别比较 / 73

一、国家 GDP 总量与世界排名 / 73

二、教育投入占 GDP 比例 / 74

三、高等教育教师数 / 77

四、互联网普及性 / 78

五、小结 / 80

第五章　工程科技人才可雇佣性的国别比较 / 82

一、就业人口规模 / 82

二、工业就业人口占比 / 83

三、研发人员总规模 / 84

四、每百万人口研发人员数 / 86

五、科技人员可获得性 / 87

六、小结 / 89

第六章　科技创新能力的国别比较 / 91

一、基础研发投入 / 91

二、应用研发投入 / 93

三、实验开发投入 / 94

四、研发投入占 GDP 比例 / 96

五、申请专利数 / 98

六、每万名研发人员申请专利数 / 100

七、ESI 科技论文总量 / 101

八、每万名研发人员论文平均数 / 103

九、全球创新指数排名 / 104

十、小结 / 106

第七章　高科技企业与高端制造业水平的国别比较 / 108

一、世界 500 强企业数量对比 / 108

二、工程专利申请 / 109

三、制造业增加值的 GDP 占比 / 111
四、各国各产业增加值 GDP 占比比较 / 113
五、工业增加值的年增长率 / 114
六、高科技出口 / 115
七、单位能源消耗产出 GDP / 116
八、小结 / 118

第八章 中国工程教育国际竞争力的主要差距 / 119
一、工程教育国际竞争力多维比较 / 119
二、中国工程教育国际竞争力的主要差距 / 119

第九章 主要结论与政策建议 / 126
一、加快推进教师队伍建设 / 126
二、全面提升学科专业建设水平 / 127
三、加快完善政产学研合作机制 / 128
四、持续加强国际交流与合作 / 129
五、全面提高质量保障能力 / 130
六、持续加强教育经费投入力度 / 131

附录一　各维度原始数据 / 133

附录二　基于共同体准则的治理
　　　　——工程教育认证的理论源流与实践走向 / 147

附录三　我国工程教育国际竞争力分析与提升策略
　　　　——基于国家优势理论的 5 个方面为观照点 / 161

后记 / 177

导　言

自18世纪中叶英国率先引发工业革命以来,全球范围内先后经历了蒸汽时代(1760—1840年)、电气时代(1840—1950年)以及信息时代(1950年至今)等三次工业革命,人类文明实现了从农耕文明、工业文明到信息文明的跨越。进入新世纪以来,各种新兴的科学技术不断涌现,以大数据技术、人工智能、3D打印技术、量子信息技术、虚拟现实、石墨烯、纳米技术、可控核聚变、清洁能源以及基因技术等生命科学技术等为关键突破口,以物理信息系统(Cyber-Physical System, CPS)和生态环保为基本特征的新一轮工业革命和产业变革逐渐在全球各国兴起。与前三次工业革命有着本质不同,第四次工业革命的最终目标在于以快速技术创新为原始驱动力,大幅度地提高工业生产效率,同时努力使生态与环境危机、能源与资源危机等经济快速增长中产生的问题得以有效缓解。当今必须走新型工业化道路。总的来看,伴随着经济全球化和信息技术变革的日益加深,最终会导致当今工业生产方式、人类生活方式乃至企业组织模式都发生革命性的变化,进而有力推进各国的工业发展不断更新换代并达到一个崭新的水平。

在新一轮工业革命中,工程教育发展质量已成为连接科学突破、技术革新与产业调整的桥梁,成为经济发展、社会进步和文化创新的强大杠杆。改革开放以来,作为"三分天下有其一"的中国工程教育虽然取得显著成就,但也面临着人才供需矛盾、目标模式趋同、工程实践缺乏、教学和课程体系不适应工程需要以及学生综合能力下降等多重问题的挑战。因此,本研究在相关理论的探索基础上,通过制定科学、合理的指标体系,对比分析中国与主要典型国家的工程教育竞争力发展水平,以期为推动我国工程教育综合性改革和高质量发展提供参考建议。

基于数据可得、维度可比、多维评价和不做排名等四项基本原则,本研究尝试构建了工程教育国际竞争力的指体系标。监测指标主要包括五个维度:(1)入学机会与大学表现;(2)教育资源可获得性;(3)工程科技人才可雇佣性;(4)科技创新能力;(5)高科技企业与高端制造业水平。每个维度包含数量不等的具体监测指标。进一步,本研究指出中国工程教育国际竞争力提升的政策建议与实践路径。

第一章　工程教育国际竞争力的理论探索与趋势前沿

一、研究背景与意义

面向新一轮科技革命和产业变革，工程教育作为工程科技人才的"动力站"和"蓄水池"，其发展已成为连接科学突破、技术革新与产业调整之间的桥梁，成为经济发展、社会进步和文化创新的强大杠杆。而新的科学技术要转化为现实生产力，一般都要通过工程教育这一环节来具体实现。工程教育竞争力已逐步成为影响各国科技竞争力乃至综合国力的重要指标之一。总的来看，工程教育国际竞争力的提升需要多层次、多类型、高质量的工程科技人才队伍支撑，而高质量工程科技人才离不开工程教育系统的塑造。美国工程院院长查尔斯·威斯特（Charles Vest）指出，"拥有最好工程科技人才的国家占据着经济竞争和产业优势的核心地位"，这正是当前各国政府将工程教育放在国家发展重要战略核心的根源之一。只有不断提升工程教育国际竞争力，从而培养出高素质工程研究人员和一线工程师，才能在第四次工业革命中占据领先地位，进而在激烈的国际竞争中脱颖而出。

对于当前的中国来说，工程教育是高等教育体系的重要组成部分，素有"三分天下有其一"之称。在目前以工程与技术为载体的经济竞争成为国际竞争核心的时代背景下，提升工程教育竞争力对推动我国综合国力的提升大有裨益。据教育部统计，自1949年新中国成立以来，我国工程教育为社会培养了8000多万的工程科技人才，为中国的工业化建设和社会经济发展做出了巨大贡献。截至2019年，我国共有1194所高等院校设立了工科专业，专业布点数达到20 221个。① 目前中国仍处于工业化快速发展的时期,这样的历史阶段决定了中国对工程科技人才有着旺盛的需求,中国高校工科类本科在校生数和毕业生数都呈现出迅速增加的趋势。从表1中可以看出,2001—2016年工科类本科在校生数由1 573 665人增加到5 511 445人,年均增长率达到8.7%左右,工科类本科在校生数占据整个高等教育在校生总数的三分之一左右;招生数由498 984人增加到1 402 970人,年均增长率达到7.1%;毕业生数由219 563人增加到1 247 808人,年均增长率达到12.2%。从规模上讲,中国工程教育已稳居世界第一,并呈稳步增长的态势,成为名副其实的世界工程教育大国。

表1 我国普通高校工科类本科教育发展现状(2001—2016年)

年份	招生数/人	毕业生数/人	在校生数/人	在校生占比/%
2001	498 984	219 563	1 573 665	37.1
2002	543 447	252 024	2 156 584	40.9
2003	595 398	351 537	2 424 903	38.5
2004	669 745	442 463	2 424 903	32.9
2005	739 668	517 225	2 699 776	31.8
2006	798 106	575 634	2 958 802	31.4
2007	890 510	633 744	3 205 516	31.3
2008	943 738	704 604	3 475 740	31.5
2009	1 023 678	763 635	3 718 959	31.5
2010	1 108 832	813 218	3 995 779	31.6
2011	1 134 270	884 542	4 275 808	31.7
2012	1 195 234	964 583	4 522 917	31.7
2013	1 274 915	1 058 768	4 953 334	33.1
2014	1 132 226	113 226	5 119 977	33.2
2015	1 378 558	1 226 730	5 375 655	33.3
2016	1 402 970	1 247 808	5 511 445	33.4

数据来源:《中国教育统计年鉴》(2002—2017年),制表:ICEE。

---

① 吴岩.打造世界水平中国特色工程教育认证体系[EB/OL].[2020-10-20]. https://baijiahao.baidu.com/s? id=1681073360465561217&wfr=spider&for=pc,2020-10-20.

我国工程教育体量庞大,从某种意义上说,这为提升我国工程教育国际竞争力提供了有效基础条件和资源支撑。但是我国工程教育质量情况到底如何呢?我国工程教育的质量与数量是否匹配呢?我们可以从《2019年全球竞争力报告》窥见一斑。该报告对全球141个国家和地区的竞争力进行了排名,是衡量全球各经济体促进生产力发展和经济繁荣程度的重要参考①。在2019年10月发布的数据中,新加坡凭借84.8分的总体成绩跃升为首位,第二到第十名分别为美国、中国香港、荷兰、瑞士、日本、德国、瑞典、英国和丹麦。中国内地排名与2018年持平,位列28位。从具体指标来看,中国在"市场规模"方面表现最为优异(第1),但在技能(64位)和劳动力市场(72位)方面都亟待提高。在相当程度上,工程教育发展质量的高低对整个国家劳动力的综合技能提升起着举足轻重的作用。因此,上面的数据结果一定程度上可以表明,我国工程教育数量排名与其质量发展存在相当程度的错位。具体来看,改革开放四十余年来,我国工程教育无疑取得了举世瞩目的成就,但也面临着供需矛盾、目标模式趋同、工程实践缺乏、教学和课程体系不适应工程需要以及学生

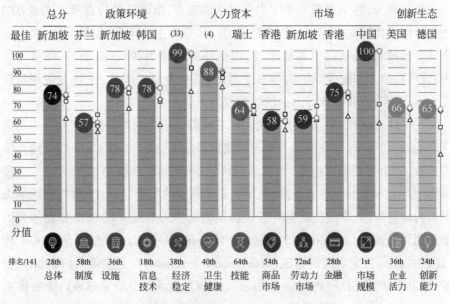

图1　中国全球竞争力综合指标排名(2019年)

(数据来源:《2019年全球竞争力报告》)

---

① The Global Competitiveness Report 2019 [EB/OL]. (2019-10-14) [2021-04-07]. https://www.weforum.org/reports/how-to-end-a-decade-of-lost-productivity-growth.

综合能力下降等多重问题的交织挑战①。本研究的主要目标在于,在相关理论探索的基础上,通过构建指标体系和数据分析,对比中国与主要典型国家的工程教育竞争力发展水平,以期为推动我国工程教育综合改革提供有效的参考。

二、竞争力与教育竞争力

一般认为,竞争一词最早起源于公元前16世纪拉丁语中的"rivalry",意指寻求或努力获得他人也在努力获得东西的行为。至18世纪末,资本主义市场得以充分发展之后,市场竞争开始逐渐成为热点。总的来看,现代社会把竞争定义为个体或群体间力图胜过或压倒对方的心理需要和行为活动。因此,竞争可以分为个体间竞争与群体间竞争两种类型。美国社会心理学家莫顿·多伊奇(Morton Deutsch)的一项研究表明:无论个体间还是群体间,只要是在竞争状态下,各群体中各个成员的工作都是相互支持与配合,能够有效地提升单位时间的工作效率;但问题在于,这很容易导致宗派主义的滋生,不利于群体之间建立长远的合作友好关系。②

简单来说,竞争力即竞争中表现出来的能力,指的是参与者双方或多方的一种角逐或比较而体现出来的综合能力。从竞争主体来看,包括国家、企业或个体等多种对象;从竞争客体来看,包括品牌竞争力、财务竞争力、质量竞争力、管理竞争力和服务竞争力等多个维度;从竞争结果来看,竞争力最终反映在主体在物质或非物质等方面的收益程度上。

在全球化时代,竞争力上升到国家之间综合国力的博弈,全球竞争力的概念应运而生。在这一方面最为知名的是世界经济论坛(WEF)发布的全球竞争力指数。"全球竞争力指数"由世界经济论坛于2005年提出,是"决定一个经济体生产力水平的一整套制度、政策和影响因素的集合",以12项主要竞争力因素为衡量指标,全面反映世界各经济体的竞争力状况。12项主要竞争力因素分别为:制度(Institutions)、基础设施(Infrastructure)、信息通信技术采用(ICT adoption)、宏观经济稳定(Macroeconomic stability)、卫生健康(Health)、技能(Skills)、产品市场(Product market)、劳动力市场(Labor market)、金融体系(Financial system)、市场规模(Market size)、企业活力(Business dynamism)和创

---

① 朱高峰.中国工程教育的现状和展望[J].清华大学教育研究,2015(1):13-20.
② 罗伯特·莱文.社会心理学精品译丛:社会心理学之旅[M].陈浩莺,李奇琪,译.北京:人民邮电出版社,2015:300-334.

新能力(Innovation capability)。每个指标的指数范围均为 0 到 100,综合得分显示的是一个经济体距离理想状态竞争力的差距。自 1979 年肇始以来,世界经济论坛每年发布一份《全球竞争力报告》(*The Global Competitiveness Report*),该系列报告是衡量世界各国经济发展水平和潜在竞争力的重要参考指标。

以"教育竞争力"或"教育国际竞争力"为主题词,检索中国知网期刊数据库,将数据库限定为 CSSCI 期刊,检索时间截至 2019 年 12 月 20 日。除去新闻报道、重复文献、主题无关文献及广告以外,共有 87 篇文献。最早的一篇文献发表时间为 2001 年。

将文献题录导入文献计量可视化工具(VOSviewer),设定阈值为 2,下图 2 为出现两次以上的关键词共现网络。教育国际竞争力研究领域的高频关键词包括竞争力、国际竞争力、教育竞争力、竞争能力等。

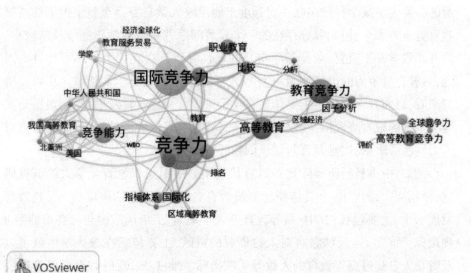

图 2　教育竞争力文献关键词共现网络

(来源:ICEE)

基于文献计量结果,本书定义与内涵、研究对象、研究内容、研究方法、数据来源等方面对教育国际竞争力文献进行梳理。需要强调的是,本书将"教育"作为一个整体的研究对象,尽管教育的内涵包括了教育机构、受教育的人等,本书也不对其从微观上单独讨论。

以往研究有将"教育竞争力"与"教育国际竞争力"不加区别使用的情况，即某些研究中的"教育竞争力"的分析单位是国家，作国际比较；而某些研究中"教育竞争力"的分析单位是省域、城市，作国内比较，不涉及国际比较。由于本研究关注的是竞争力的国际比较，因此在文献挑选时将教育竞争力研究中非国际比较的文献去除。另外，为了使论述更加清晰准确无歧义，后文将统一使用"教育国际竞争力"的表述方式。

教育国际竞争力有宏观与微观之分，由于主要涉及各国比较，本研究将竞争力定位在宏观的国家层面，不涉及个体层面。教育国际竞争力是一个国家综合竞争力的重要组成部分。简要地说，它指的是一个国家在教育投入、过程以及产出等环节的相对优势与能力。当然，与经济竞争力不同的是，教育竞争力隐性指标的重要性大大增加，教育中的很多投入与产出都是无形的，很难用准确的数字来体现。以目前比较知名的各类排名举例来说，虽然在21世纪兴起的各类大学或学科排名在一定程度上能反映大学自身乃至整个国家的高等教育竞争力水平，但大部分存在的一个显著问题就是对教学指标涉及的较小。这并非教学并不重要，而是教学自身的属性导致其存在很大的不可比性。因此，对教育竞争力的准确测量一直是教育界存在争议的学术领域。从以往研究来看，目前教育竞争力主要体现在4个维度：一是教育发展水平，包括正规与非正规的教育规模以及教育质量；二是教育对经济发展的贡献；三是教育对人力资源的贡献；四是教育对知识创新的贡献。

例如，中央教科所国际比较教育研究中心一项关于教育竞争力的调查研究，使用4个维度16个具体指标衡量教育竞争力[1]。包括维度一：反映教育发展水平，主要包括初/中/高等教育毛入学率、职工培训范围与可获得性等8项指标。维度二：反映教育对人力资源的贡献，主要包括在校大学生数量以及劳动人口受过高等教育的人数等4项指标。维度三：反映教育对经济发展的贡献，包括教育系统、大学教育能否满足经济发展需要2项指标。维度四：反映教育对知识创新的贡献，主要包括专利、科技论文数量的绝对和相对值2项指标。

从教育国际竞争力分析的教育层次或类别来看，以往教育国际竞争力的研究对象主要包括教育、高等教育、职业教育(成人教育)、研究生教育，这几类

---

[1] 中央教科所国际比较教育研究中心. 中国教育竞争力：评价模型构建与国际比较[J]. 教育发展研究，2010(17)：1-6.

教育有重叠的部分,但大多都属于高等教育的范畴。典型的观点有:

教育国际竞争力。孙敬水最早提出教育国际竞争力的概念,虽然没有明确对教育国际竞争力的概念进行定义,但他从教育投入、教育成本、教育产出、教育消费四个方面对我国教育国际竞争力进行了比较分析[①]。赵丽敏认为教育国际竞争力应该从教育事业发展主要指标、国民受教育水平主要指标、教育经费投入指标三方面展开[②]。薛海平等将教育国际竞争力界定为在国际教育竞争中所拥有的竞争优势和比较优势,并提出了最能体现国际教育竞争力水平的四个综合指标,即教育投入、教育规模、教育效率和教育产出[③]。王素等认为教育国际竞争力是国家综合竞争力的重要组成部分,是一个国家的教育产出和别国比较所具有的相对优势和能力。其内涵包括四个方面:教育发展水平,包括正规与非正规教育的规模以及教育质量、教育对人力资源的贡献、教育对经济发展的贡献、教育对知识创新的贡献[④]。陈衍等认为教育国际竞争力是指一个国家的教育体系,为保障人才培养、研究开发、知识传播与生产、技术发明等方面持续提高与发展所做出的贡献[⑤]。唐晓玲认为教育国际竞争力是一个国家在与其他国家比较时,综合教育投入、教育运行与教育产出等因素,通过比较得出的相对优势和能力[⑥]。

高等教育国际竞争力。杨志坚首次提出高等教育国际竞争力的概念[⑦]。王素等将高等教育竞争力定义为一个国家的高等教育产出在和别国比较时所具有的相对优势和能力,其内涵包括:高等教育发展水平、对人力资源的贡献、对经济的贡献和对知识创新的贡献[⑧]。王素等提出高等教育竞争力评价的火箭模型,构建了两个维度12项指标的高等教育竞争力评价指标体系。周群

---

① 孙敬水. 中国教育竞争力的国际比较[J]. 教育与经济, 2001(02): 1-3.
② 赵丽敏. 教育国际竞争力发展指标体系的构建[J]. 教育评论, 2004(01): 8-9.
③ 薛海平, 胡咏梅. 国际教育竞争力的比较研究[J]. 教育科学, 2006(01): 80-84.
④ 王素, 方勇, 苏红, 等. 中国教育竞争力:评价模型构建与国际比较[J]. 教育发展研究, 2010, 30(17): 1-6.
⑤ 陈衍, 房巍, 于海波. 中国成人教育国际竞争力比较分析[J]. 教育研究, 2012, 33(09): 104-110.
⑥ 唐晓玲. "金砖国家"高等教育竞争力研究——基于巴西、俄罗斯、印度、中国的数据比较[J]. 现代教育管理, 2018(09): 123-128.
⑦ 杨志坚. 进一步提升我国高等教育的国际竞争力[J]. 中国高等教育, 2001(23): 17-19.
⑧ 王素, 方勇, 苏红, 等. 中国教育竞争力:评价模型构建与国际比较[J]. 教育发展研究, 2010, 30(17): 1-6.

英等借鉴国际竞争力理论构建了以高等教育投入、结构、创新、国际声誉四个基本要素和教育机会、相关行业支持两个辅助要素构成的高等教育国际竞争力钻石模型①。唐晓玲将高等教育国际竞争力定义为一个国家或地区的高等教育在人才培养数量与质量、科学研究水平等方面满足经济社会发展需要的程度,是在不同空间维度比较时所具有的相对优势,以及在高等教育国际化背景下参与国际竞争的基本能力②。康凯等认为高等教育竞争力的内涵包括三个方面:在世界范围内赢得优势的能力;是国家竞争力的重要组成部分;体现在自身发展能力、满足社会需要能力和促进创新能力③。

研究生教育国际竞争力。王战军等首次提出研究生教育国际竞争力,并对提高我国研究生教育国际竞争力给出了相关建议④。丁立宏等认为研究生教育国际竞争力包括以下三个要素:教育投入国际竞争力;资源配置和利用的国际竞争力;教育产出的国际竞争力。

职业教育国际竞争力。陈衍等第一次使用职业教育国际竞争力的概念,未定义职业教育国际竞争力,借鉴和运用当代国际竞争力理论与评价体系,从职业教育的结构、质量、效益、规模、机会、投入等角度对世界各国职业教育竞争力水平进行了度量⑤。此后,陈衍等明确定义职业教育国际竞争力,指一个国家的职业教育体系,为全民尤其是处于不利地位的人群提供生产、生活技能的培训以消除贫困;为劳动者一生的职业发展提供教育服务;为适龄人口进入职场做技术准备等方面做出贡献的能力。其内涵包括:职业教育结构国际竞争力、规模国际竞争力、机会国际竞争力、保障国际竞争力⑥。

此外,有不少学者提到国际生源是教育国际竞争力的重要组成部分。

---

① 周群英,徐宏毅,胡绍元. 高等教育国际竞争力比较研究[J]. 武汉理工大学学报(社会科学版),2010,23(06):903-908.
② 唐晓玲. 基于熵值法的高等教育国际竞争力评价模型[J]. 实验室研究与探索,2019,38(08):272-277.
③ 康凯,高晓杰. 提升高等教育竞争力是我国高教强国建设的核心[J]. 国家教育行政学院学报,2019(07):8-13.
④ 王战军,廖湘阳. 积极发展 提升我国研究生教育的国际竞争力[J]. 中国高等教育,2002(17):37-39.
⑤ 陈衍,李玉静,房巍,等. 中国职业教育国际竞争力比较分析[J]. 教育研究,2009,30(06):63-68.
⑥ 陈衍,于海波,徐梦佳. 职业技术教育国际竞争力比较分析[J]. 高等工程教育研究,2016(06):164-168.

王战军等认为对优质生源的争夺是研究生教育国际竞争力的重要体现①。乔达哈(Rahul Choudaha)认为国际学生是美国高等教育竞争力的关键因素②。

分析现有教育国际竞争力的定义及内涵可以发现,对于教育国际竞争力,目前尚未有获得普遍认可的概念与内涵。许多文献更是直接绕过教育国际竞争力定义的讨论,直接构建指标体系。

三、工程教育竞争力

本研究在教育竞争力这一范畴下研究工程教育竞争力。需要说明的是,本研究所涉及的工程教育竞争力限定在高等工程教育范围。工程教育竞争力是国家教育竞争力体系的重要组成部分,对于科技创新和人力资源开发具有至关重要的作用。

目前,关于如何提升我国工程教育竞争力的研究相对较少。比较有代表性的,如吴启迪的《稳步推进专业认证工作 提升工程教育国际竞争力》、张文雪的《从全球竞争力评价看工程教育改革方向》以及孟凡芹的《面向"新工业革命"工程教育人才培养质量标准体系构建策略》等诸多研究,但较为完整的衡量工程教育竞争力水平的研究相对较少。又如,北京交通大学查建中等学者从国际国内对工程科技人才的需求角度出发,基于定量、定性两种手段相结合,制定出系统的工程教育国际竞争力评价指标,分析我国工程教育发展中面临的优势、差距和问题,并将指标具体分为4个维度。维度一:产业人才市场的需求指标,主要通过人才数量和质量需求2个指标来反映;维度二:工程教育机制、过程和方法指标,主要通过教学评估、教学效果和效率、产业学合作3个指标来反映;维度三:工程教育领域状况指标,主要通过工程教育规模和生源2个指标来反映;维度四:人才产出指标,主要通过工程教育创新、创业人才比例和工程教育指标国际排名3个指标来反映。③

---

① 王战军,廖湘阳. 积极发展 提升我国研究生教育的国际竞争力[J]. 中国高等教育,2002(17):37-39.

② Choudaha, Rahul. A Third Wave of International Student Mobility: Global Competitiveness and American Higher Education (April 24, 2018). Research & Occasional Paper Series, The Center for Studies in Higher Education, UC Berkeley, CSHE.8.18, Available at SSRN: https://ssrn.com/abstract=3169282.

③ 查建中,陆一平. 中国高等工程教育国际竞争力指标体系初探[J]. 中国高教研究,2010(2):11-15.

要衡量工程教育竞争力,需要明确工程与科学技术的关系,以及工程教育与教学、科研、学习的联系。在19世纪末,大多数工业化国家建立的工程教育体系,基本是以柏林大学威廉·冯·洪堡教授(Wilhelmvon Humboldt)提出的自由主义模式为基础的,将理论和实践结合起来,重视科学研究。"洪堡模式"对法国和其他国家大学的发展产生了重要影响,但在之后的发展中对实践和理论的强调常常被忽视。在20世纪,工程学会和工程师职业资格认证的不断发展使工程越来越专业化。大学和专业学会通过期刊、技术会议和研讨会等方式促进了教育、研究和信息的流动。与此同时,国际协议、工程教育标准和认证也在不断发展,工程师资格和专业能力也不断得到互认。"创新"这个词可以用在任何方面、任何领域,并不仅仅指技术、产品和流程的创新。根据乔万尼提到的线性创新模型,基础科学可以带来工程和技术创新,所以它是非常简单,比较有延续性的模型,也是一个主流的模型。线性模型成为"科技政策"和战后经济发展的典范,很多人认为线性的创新模型是对的。但也有不少批评,其中最主要的是线性模型忽视了工程和工程教育在创新中的作用。科学技术统计和指标忽略了工程,例如,未将科学和工程的数据与毕业生数量、就业和研究数据区分或分解——许多工程师可能被统计为科学家,但许多科学家可能实际上在做工程,例如太空计划和"火箭科学"本质上是工程,准确地说,是基于技术科学的工程集成。因此,线性的理解科学、工程、技术具有很大的误导性,同时也在很大程度上使人们忽视了工程在发展中的作用以及在科学技术政策制定中的作用。

为了进一步分析工程教育竞争力的内涵,需要引入相关的理论,本处重点分析国家竞争优势理论、人力资本理论和边缘—中心理论。

四、相关理论评述

(一) 国家竞争优势理论

国家竞争优势理论,由美国知名学者迈克尔·波特(Michael E. Porter)在其20世纪90年代著作《国家竞争优势》(*The Competitive Advantage of Nations*)中提出,该理论着重讨论了特定国家的企业如何在激烈的国际竞争中想要赢得优势地位所需具备的各种条件。该理论所持有的重要理论观点基础在于,在全球化的时代背景下,各国的经济发展与产业结构处在较为快速的变革之中,并非是一成不变的,这为企业在其中发挥主观能动性提供良好的环境基础;同样,也使得部分企业面临着衰退的风险大幅增加。波特认为,决定国家某一产业竞争优势取决于四个方面的条件:一是生产要素,包括劳动力资源、资本资源、土地资源、基础设施以及劳动力教育水平等资源,这些要素有部分为自然资源,另一部分则为人力资源。二是需求条件,这主要指的是本国市场的需求,如果国内本身需求太小,企业则很难有动力开发出新型的产品或技术。三是企业的战略、结构、竞争对手的表现。四是相关及支持产业,这取决于相关产业及其上游产业是否有国际竞争力(见图3)①。上述四要素通过不断影响与制约,最终形成钻石结构体系。除四种要素条件之外,还存在两大变数因素:一是政府;二是机会。机会是可遇而不可求的,政府决策对其产生的影响是无可估量的。

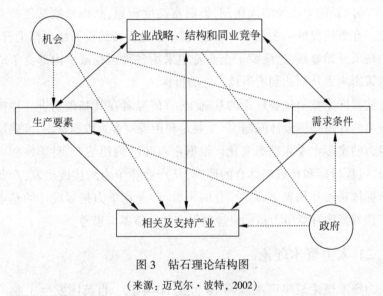

图3 钻石理论结构图
(来源:迈克尔·波特,2002)

在进一步的研究中,波特提出国家经济发展可以分为四个阶段,即生产要素导向阶段、投资导向阶段、创新导向阶段和富裕导向阶段。其中,前三个阶段是国家取得竞争优势的主要力量,通常是国家经济发展的上升阶段;而最后一个阶段则是国家竞争优势的转折点,在一定程度上会导致国家竞争优势的逐渐消失,进而导致国家经济走向衰退。首先是生产要素导向阶段。在经济

---

① [美]迈克尔·波特. 国家竞争优势[M]. 李明轩,邱如美,译. 北京:华夏出版社,2002.

发展初期,生产要素的积累是必需的,这种要素既可以是天然资源,也可以是廉价的初级劳动力,乃至适合作物生产的自然环境等。在这个阶段,生产要素起着决定作用,只有具备丰富生产要素的企业才能有资质进军国际市场。其次是投资导向阶段。在该阶段中,最为核心的特点是以国家和企业的投资意愿或能力为基础,并且越来越多的企业走向国际市场,并形成相当程度的国际影响力。企业形成对新型技术消化、调整与升级的能力也是投资阶段与要素阶段的本质区别之一,也就是推动投资导向阶段发展的决定性因素。再次是创新导向阶段。在该阶段中,企业的创新能力上升到无比重要的地位,其必须具备独立的科研产品研发与技术引领式创新能力才能在市场上占据领先地位。但同时不容忽视的是,要想引领企业不断创新,要素导向与投资导向也必须与之相配合,才能起到事半功倍的效果。最后是富裕导向阶段。在该阶段中,国家的创新能力已经陷入瓶颈,但财富高度积累,从而导致其创新动力渐次消退。在该阶段的一个重要特征是,企业金融投资比重开始大幅上升,兼并重组的现象开始蔓延,这反映了企业希望采用各种途径减少内部竞争或增加国家政策影响力从而达到增强稳定性的目标。

在波特国家竞争优势理论的基础上,有研究者在其基础上进一步探索产业竞争力的评价指标设计问题。[①] 主要是利用现有客观数据资料,准确反映产业竞争力的实际水平和动态变化。根据重点和准确相结合、科学性和可行性相结合、过程指标和状态相结合的原则,从产业竞争力的构成出发,产业竞争力的指标体系设计如表 2 所示。总的来看,产业竞争力指标设计的基本理念可为工程教育国际竞争力指标设计提供有益的借鉴与思考。

(二) 人力资本理论

人力资本理论最早可溯源到 18 世纪 60 年代。自英国发生工业革命以来,生产方式与水平已经发生革命性变化:一是手工生产日益被机械生产所取代;二是传统的经验式生产方式日益被科学生产方式所取代,科学与生产的联系程度大幅增加;三是传统的师徒制日益被系统的技术训练模式所取代,人力资本的作用大幅增强。在这样的背景下,英国学者亚当·斯密(Adam Smith)在 1776 年出版的《国富论》最早提出了人力资本与其他资本一样是提

---

① 智库百科.产业竞争力理论[EB/OL].(2019-10-14). https://wiki.mbalib.com/wiki/产业竞争力理论.

表2 产业竞争力评价指标体系

类别		指标阐释
显性指标		(1) 产业产品的市场份额(市场占有率)
		(2) 产业盈利能力(产业平均资产利润率)
隐性指标	直接原因指标	与生产率有关的各项指标：(1) 劳动生产率 (2) 成本 (3) 价格 (4) 企业规模
		与市场营销有关的各项指标：(1) 品牌商标 (2) 广告费用 (3) 分销渠道
		与企业组织管理有关的各项指标：(1) 售后服务网店 (2) 全球质量保证体系
	间接原因指标	生产要素类指标：(1) 申请专利技术项目及其估价 (2) 研究开发费用占销售收入的比重 (3) 做出过技术发明和技术创新的工程技术人员的数量及其在专业人才中的比重
		需求因素类指标：(1) 需求规模指标和需求增长速度指标 (2) 产品系列化指标
		相关产业因素：相关产业和供应商的工业产出绝对额及其占一国或一地区工业总产出比重
		企业战略、结构和竞争状态因素指标：(1) 行业平均工资水平 (2) 企业或行业债务率 (3) 企业的资本结构 (4) 行业的市场结构

来源：智库百科。

升生产力的重要因素的观点。在该书中，他详细分析了人的经验、知识和能力作为财富和生产财富的重要作用。此后，众多学者都对人力资本理论提出了自身的独特见解。美国知名学者西奥多·W.舒尔茨(Theodore W. Schultz)最早系统提出人力资本理论，并使其成为一门独立的学科分支，并进而提出教育投资收益的计算方式。美国学者加里·斯坦利·贝克尔(Gary Stanley Becker)

的贡献则在于从微观角度阐明了人力资本与个人收益之间的关联。爱德华·富尔顿·丹尼森(Edward Fulton Denison)将经济增长的余数分解为规模经济效应、资源配置和组织管理改善、知识应用上的延时效应以及资本和劳动力质量本身的提高等,从而修正了舒尔茨的教育经济增长贡献计算公式。总之,在众多经济学家的研究下,人力资本理论日益成为一门理论完整、内容丰富的独立学科,时至今日,仍然焕发着强大的生命力。

人力资本理论的内容丰富,派系也比较多,但一般都秉持以下四个观点:(1)人力资本是所有资源中最为重要的因素,人力资本理论是经济学领域的核心问题。(2)在经济增长贡献中,人力资本的作用远高于物质资本,因此对人力资本的投资收益也高于物质资本。(3)人力资本的核心是提升人口质量,因此教育投资是其提升人口质量的最重要的方式。同样,教育投资可以在一定程度上等同于人力资本投资。(4)教育投资应以市场供求关系为依据,以人力价格的浮动为衡量符号。总的来看,人力资本理论打破了传统观点中资本只是土地、资源以及人口(数量)等物质资本的束缚,并把资本划分为人力资本和物质资本,这在一定程度上为经济学的研究对象、内容与方法提供了更为广阔的发展空间。从目前我国人力资本发展现状来看,主要存在两大挑战:一是人力资本数量庞大,但高素质的劳动力依旧匮乏;二是人力资本的多元化投资面临挑战,目前的投资渠道仍然主要依靠政府来实现。因此,从实际情况来看,要想提高我国国民的整体劳动力质量,必须大力发展高等教育,而工程教育由于其规模占比更是重中之重。

(三) 边缘—中心理论

边缘—中心理论是美国学者伊曼纽尔·沃勒斯坦(Immanuel Wallerstein)提出的世界体系理论的核心观点和立论基础。在世界体系理论中对中心地区、边缘地区和半边缘地区的基本内涵和界限范围做出了系统的阐释。[1] 中心地区指的是能够充分利用边缘地区的廉价劳动力或原始材料,进而生产加工制品,从而在世界经济体系中扮演贸易与金融中心角色的地区。边缘地区指的是依靠劳动密集型产业从事经济作用或初级工业制品的生产,并出售到中心地区的地区。半边缘地区是指介于中心地区和边缘地区之间、兼具两者的

---

[1] 孟凡东,张平.伊曼纽尔·沃勒斯坦的现代世界体系观评析[M].黑龙江教育学院学报,2005(2):102-103,105.

某些性质和特征的地区。它在相当程度上起到中心地区和边缘地区之间纽带的作用。在进一步的研究中，沃勒斯坦指出边缘地区、半边缘地区、中心地区的形成相当程度上是因为伴随着资本主义的扩张而形成的，到19世纪末20世纪初期的时候，全球已经基本形成较为稳固的以资本主义世界主导为核心的边缘—半边缘—中心格局。

纵观全球社会经济的发展格局与历史演变，位居中心地区的发达国家始终占据着主导地位，从该体系中攫取的利益也是最大的。中心地区的基本特征可以概括为四点：一是拥有强大有效的国家机器；二是操纵全球金融和贸易市场；三是掌握着较为先进的科学技术，在生产环节处于上游位置；四是利用不平等的国际规则攫取更多的利益。这四个基本特征描绘了中心地区国家的基本轮廓，揭示了其形成的历史原因与现实基础。边缘地区的突出特征主要体现在三个方面：一是政治上缺乏强而有力的国家机器；二是在全球活动受制于中心国家；三是经济活动从事下游环节的生产。这三个特征集中勾绘出边缘国家在世界经济体系中的不利位置。半边缘地区的概念是沃勒斯坦最富创见的研究成果之一，其认为半边缘地区的核心作用在于成为边缘地区和中心地区的缓冲区，避免两者之间发生直接的冲突。基于沃勒斯坦的边缘—中心理论，我们同样可以认识到高等教育是改变国家在世界经济体系位置中的最为有力武器。

国家竞争优势理论揭示了国家竞争力的构成具有的基本要素，特别是强调特定国家在激烈的国际竞争中想要赢得优势地位所需具备的各种条件，虽然该理论主要从企业的角度出发，但是由于其引入了综合要素系统，对于衡量国家竞争力具有启发意义。人力资本理论强调"人"这一非自然要素在赢得国家竞争中的核心地位，特别是在知识经济时代，科技创新的实现最终要依靠人力资本的驱动。边缘—中心理论虽然带有西方中心主义的印记，但是却阐明了一个事实，即在全球化时代，必然有一些国家会处于从属依附地位，因此，这些国家只有快速提升国家竞争力，大力提高工程教育水平，提升自主自强的科技创新能力，才能有效推动我国的工业发展接近或者在部分领域超越那些传统中心国家的水平，摆脱受控制、卡脖子的境地。

综合以上研究，本研究将工程教育国际竞争力界定为：在国际竞争中国家工程教育所具备的竞争优势和比较优势。

五、中国工程教育国际竞争力提升面临的挑战

(一)世界工业强国纷纷实施工业发展新战略

在新一轮工业革命机遇与挑战并存的背景下,人类社会生产模式已经实现了从工业1.0到4.0的生产模式的历史变迁(见图4),各发达国家都开始主动谋划科技发展战略,力求在新一轮工业革命中实现新的突破。

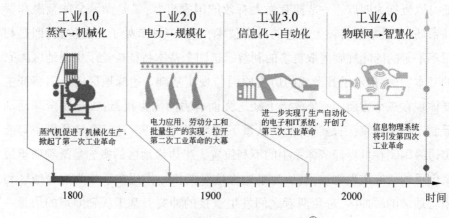

图4 工业1.0到4.0的时代变迁①

美国在2012年3月正式实施旨在推进加快先进制造业全面升级的"美国国家制造创新网络"(National Network for Manufacturing Innovation,NNMI),并在2016年正式更名为"美国制造业计划"(Manufacturing USA),以进一步强调该计划对美国制造业未来发展的深远影响。② 该计划最为显著的特点是围绕特定先进制造技术构建创新生态系统而展开实施的。

基于第一个国家级高技术发展战略总体规划——"德国2020高技术战略"(2020 High-tech Strategy for German:Idea. Innovation. Growth)的要求,德国在制造业生产和销售体系中引入物联网技术(Cyber-Physical System,CPS),

---

① 中发智造小百科. 一文看懂四次工业革命[EB/OL].(2019-06-07)[2021-04-06]. https://www.sohu.com/a/323338581_100210174.

② NNMI. Request for Information on Proposed New Program:National Network for Manufacturing Innovation (NNMI)[EB/OL].[2021-04-06]. https://www.federalregister.gov/documents/2012/05/04/2012-10809/request-for-information-on-proposed-new-program-national-network-for-manufacturing-innovation-nnmi.

并在 2012 年 4 月正式提出"工业 4.0"(Industry 4.0)战略,以有效推进工业制造向智能化升级。①

为重塑法国工业曾在全球第一梯队的辉煌地位,法国在 2013 年 9 月和 2015 年 5 月分别提出"新工业法国"(New Industrial France)和"新工业法国 II"(New Industrial France II),更新后的工业发展战略以"未来工业"为核心,以数据经济、智慧物联网、数字安全、智慧饮食、新型能源、可持续发展城市、生态出行、未来交通、未来医药等九个优先领域为有效支点,以求推进法国工业经济的全面复苏与崛起。②

作为工业革命发源地的英国当然不甘居后。2013 年 10 月发布的《制造业的未来:英国面临的机会与挑战》(Future of Manufacturing:A New Era of Opportunity and Challenge for the UK),提出了重振制造业的"英国工业 2050 战略"(The 2050 Strategy of British Industry)。该计划旨在强调快速响应消费者需求,推进可循环制造业发展,把握新兴市场机遇以及培养高素质技术工人等。③

日本是"二战"后迅速崛起的工业强国。2015 年 1 月,日本政府公布了《机器人新战略》。该战略首先列举了欧美与中国在机器人技术方面的赶超,以及互联网企业涉足传统机器人产业带来的剧变。并提出日本未来机器人发展三大战略,即"世界机器人创新基地""迈向世界领先的机器人新时代"以及"世界第一的机器人应用国家"。④

面向工业强国在第四次工业革命中采取的新战略,世界各国主动迎接新工业革命的挑战,加快工程教育改革和质量提升。特别是不断加强工程教育学科专业建设和教育教学改革,并回应人才培养模式和培养质量评价等方面

---

① Bundesministerium für Bildung und Forschung. The new High-Tech Strategy Innovations for Germany[R].[2021-04-06]. https://www.bmbf.de/pub/HTS_Broschuere_eng.pdf.

② Trade Bridge Consultants. President François Hollande launches "New Industrial France"[EB/OL].[2021-04-06]. http://tradebridgeconsultants.com/news/government/president-francois-hollande-launches-new-industrial-france.

③ Government Office for Science and Department for Business,Innovation & Skills. Future of manufacturing:a new era of opportunity and challenge for the UK[R].[2018-08-20]. https://www.gov.uk/government/uploads/system/uploads/attachment_data/file/255922/13-809-future-manufacturing-project-report.pdf.

④ 科技部. 日本发布《机器人新战略》[EB/OL].(2015-05-15)[2021-04-06]. http://www.most.gov.cn/gnwkjdt/201505/t20150514_119467.htm.

的新要求,应对本国工程教育传统与更多跨国教育力量对工程教育发展产生的影响。

(二)中国迈出加快建设世界工业强国新步伐

目前,中国正处于新一轮工业革命与经济发展新常态带来的机遇与挑战并存的窗口期。党中央、国务院审视全球经济发展趋势,立足本国工业发展实际,于2015年5月提出我国首个制造业发展国家战略十年纲领——"中国制造2025"。该计划围绕推进由制造业大国向强国转变建设目标制定了"三步走"的发展目标,并确定四项基本原则:一是市场主导、政府引导;二是立足当前,着眼长远;三是全面推进、重点突破;四是自主发展、合作共赢。在此基础上,该战略围绕经济社会发展和国家安全重大需求,选择十大优势和战略产业作为突破点,力争到2025年达到国际领先地位或国际先进水平。十大重点领域是:新一代信息技术产业、高档数控机床和机器人、航空航天装备、海洋工程装备及高技术船舶、先进轨道交通装备、节能与新能源汽车、电力装备、农业装备、新材料、生物医药及高性能医疗器械。

此外,自工业革命以来,以资源高度消耗、技术改造自然为基本特征的大工业生产模式迅速成为各国追求的目标,这在推动物质文明高度发达的同时,也产生了一系列的问题,具体包括环境污染、资源枯竭、生态退化以及全球变暖等诸多问题,严重威胁人类文明的可持续发展。因此,以可持续发展理念为引领,不断推动工业产生模式深度变革成为当今全球的主旋律。作为当今世界最大的发展中国家,中国的生态文明建设之路,为当今工业经济的可持续发展提供了一种有效解决思路。改革开放以来,我国工业经济高度发展,但与此同时,造成的生态破坏程度也呈几何式增加。2002年,党的十六大报告指出,"推动整个社会走上生产发展、生活富裕、生态良好的文明发展道路"。2007年,党的十七大报告明确要求"建设生态文明"。2012年,党的十八大报告将生态文明建设纳入中国特色社会主义"五位一体"总体布局,并提出把生态文明建设放在突出地位,融入经济建设、政治建设、文化建设、社会建设各方面和全过程。党的十八届三中、四中全会进一步将生态文明建设提升到制度层面,提出"建立系统完整的生态文明制度体系"、"用严格的法律制度保护生态环境"。《中共中央国务院关于加快推进生态文明建设的意见》提出"协同推进新型工业化、信息化、城镇化、农业现代化和绿色化",把绿色化作为生态文明建设的手段和评判标准。① 在实践中,提出了"节约优先、保护优先、自然恢复为主"的尊重和顺应自然的方针,明确了绿色、循环、低碳发展的路径。中国的生态文明建设得到了国际社会的高度认可,为世界工业文明向生态文明发展转型探索了方向和路径。

总的来看,新一轮工业革命背景下中国制造2025战略以及生态文明建设的持续推进,必然对现有的工程教育发展格局产生冲击,同时也为工程教育的改造升级提供新的机遇与契机,我国可以在师资队伍、专业机构、课程体系、教学方式、合作交流以及质量保障等多个维度进行全方位的改革。因此,在日益激烈的工程教育国际竞争背景下,我国工程教育发展模式必然从外延式向内涵式发展方向转变,提升工程教育竞争力也必然成为我国工程教育未来改革与发展的主旋律。

中美贸易摩擦以及新冠疫情期间,进一步扩大加深演化的"卡脖子""脱钩"问题,让我们更进一步认识到大国竞争正在新的时期重现历史,只有建立强大的国家战略科技力量,才能保护来之不易的发展成果,并赢得未来竞争。党的十九届五中全会提出:"坚持创新在我国现代化建设全局中的核心地位,把科技自立自强作为国家发展的战略支撑,面向世界科技前沿、面向经济主战场、面向国家重大需求、面向人民生命健康,深入实施科教兴国战略、人才强国战略、创新驱动发展战略,完善国家创新体系,加快建设科技强国。"

(三)我国加快完善高等工程教育质量保障新体系

工程教育专业认证是质量保障体系的关键组成部分,是推动工程教育质量国际比较的基础。与发达国家相比,我国工程教育专业认证的时间尚短。自20世纪90年代初期建筑学领域开展专业认证试点实践以来,我国工程教育认证至今已经走过有30余年的发展历程(见表3)。20世纪80年代末,在原建设部(现为住房和城乡建设部)尝试建设建筑领域的认证试点工作时,发现美、英等国的工程类毕业生必须达到3E要求才能成为正式的建筑工程师。所谓3E简单来说,就是Education(教育程度)、Experience(实践经验)和Examination(考试)。在教育程度上,必须获得本专科的学位;在实践经验上,必须有1~2年建筑学领域实际工作经验;在考试上,必须通过行业协会统一组

---

① 潘家华.以生态文明建设推动发展转型[EB/OL].(2015-08-25)[2021-04-06]. http://theory.people.com.cn/n/2015/0825/c40531-27511370.html.

织的专业考试,例如美国的国家注册建筑师委员会(National Council of Architectural Registration Boards,NCARB),英国皇家建筑师学会(Royal Institute of British Architects,RIBA)等。在借鉴英美建筑领域专业认证模式基础上,中国在1990年成立建筑学专业教育评估委员会(CNCAEAC),学会制定了一整套关于章程、目标、认证标准、认证程度以及认证方法的制度性文件。自1992年起,我国开始在清华大学、同济大学、天津大学和东南大学4所高校进行土建类相关领域的试点认证实践,具体在以下6个专业开始逐步推行:建筑学(1992年)、土木工程(1995年)、城市规划(1998年)、建筑工程管理(1999年)、给排水工程(2004年)和建筑环境与设备工程(2005年)。

表3 中国工程教育专业认证大事记(1992—2018年)

时间	重要事件
1992年	原建设部开始试点、探索建筑类专业认证
2005年	组建全国工程师制度协调小组
2007年	成立全国工程教育专业认证专家委员会
2012—2015年	筹建以及建立中国工程教育专业认证协会
2013年6月	成为《华盛顿协议》的预备成员
2016年6月	成为《华盛顿协议》的正式成员
2018年	中国工程教育专业认证协会秘书处《华盛顿协议》国际事务办公室(筹)(2018—2022年),暨教育部高等教育教学评估中心《华盛顿协议》国际事务办公室(2018—2022年)正式成立

为进一步深化推进我国工程教育专业认证工作,人社部、教育部等18家单位在2005年联合成立全国工程师制度改革协调小组,专门负责工程教育制度相关改革的工作。小组下设以教育部、中国工程院、中国科协为主的三个专业工作组,分别负责专业认证制度建设、工程师分类制度设计和对外联络等工作。在小组的总体指导下,2006年,我国开始在机械、电气、计算机和化工等领域全面开始认证试点工作。2007年,教育部领导下全国工程教育专业认证专家委员会正式成立,该组织在参考国外通行认证体系基础上,设计了包括认证标准、程序以及管理办法在内的整套文件。2012年,新筹建的中国工程教育专业认证协会(China Engineering Education Accreditation Association,CEEAA)开始逐步接手专家委员会的相关工作。

2015年10月,中国工程教育专业认证协会正式成立,其是经教育部授权,中国科学技术协会领导下的由43家行业协会(见表4)和35个体会员组成的社会团体组织,也是我国唯一负责工程教育专业认证工作的民间专业性机构①。2013年年初,中国科协正式向《华盛顿协议》提交申请报告。同年6月,

表4 CEEAA 单位协会概况

序号	单位名称	入会年份	序号	单位名称	入会年份
1	教育部高等教育教学评估中心	2015年	23	中国建筑材料联合会	2015年
2	中国建筑学会	2015年	24	中国兵工学会	2015年
3	中国测绘地理信息学会	2015年	25	中国交通教育研究会	2015年
4	中国矿业联合会	2015年	26	中国地质学会	2015年
5	中国电工技术学会	2015年	27	中国煤炭工业协会	2015年
6	中国农业工程学会	2015年	28	中国电力企业联合会	2015年
7	中国纺织工业联合会	2015年	29	中国轻工业联合会	2015年
8	中国软件行业协会	2015年	30	中国钢铁工业协会	2015年
9	中国高等教育学会	2015年	31	中国石油和化工联合会	2015年
10	中国水利学会	2015年	32	中国航空学会	2015年
11	中国核能行业协会	2015年	33	中国铁道学会	2015年
12	中国环境保护产业协会	2015年	34	中国土木工程学会	2015年
13	中国环境科学学会	2015年	35	中国仪器仪表学会	2015年
14	中国有色金属工业协会	2015年	36	中国机械工程学会	2015年
15	中国机械工业联合会	2015年	37	中国造船工程学会	2015年
16	中国职业安全健康协会	2015年	38	中国交通运输协会	2019年
17	中国建设教育协会	2015年	39	中国金属学会	2019年
18	中国电机工程学会	2019年	40	中国汽车工程学会	2019年
19	中国电子协会	2019年	41	中国食品科学技术学会	2019年
20	中国复合材料学会	2019年	42	中国通信学会	2019年
21	中国光学光电行业协会	2019年	43	中国自动化学会	2019年
22	中国核学会	2019年			

① 中国工程教育专业认证协会网站[EB/OL].[2021-04-07]. http://www.ceeaa.org.cn/main!newsJumpView.action? menuID=01010301&ID=1000000581.

我国顺利成为《华盛顿协议》的预备成员。根据协议要求,2016年年初,来自美国、新加坡和爱尔兰三国的考察小组实地考察了中国工程教育专业认证协会对燕山大学、北京交通大学等四所学校的认证全过程,一致认为其认证过程符合协议要求,认证结论与《华盛顿协议》实质等效。2016年6月,所有正式成员国在闭门会议期间全票通过我国加入《华盛顿协议》。这标志着我国正式成为其第18个正式成员国,也标志着我国工程教育人才培养质量得到国际社会的高度认可。总的来看,加入《华盛顿协议》无疑意义重大,我国逐步从工程教育的国际参与者成为规则制定者,对于尽快提升我国工程教育发展水平,增强国际竞争力有着深远的战略意义①。

---

① 朱高峰. 中国工程教育的现状和展望[J]. 清华大学教育研究. 2015, 36(1): 13-20.

第二章　工程教育国际竞争力研究方法与评价指标

一、研究方法

总体来看，教育国际竞争力研究主要使用传统的统计方法。具体来说，包括文献计量法、德尔菲法、描述性统计、主成分分析、因子分析、回归分析、聚类分析、熵值法等。然后构建指标体系，根据指标体系计算竞争力得分。

本书采用的研究方法主要有：

文献计量法。 文献计量是一种以数学和统计学方法为基础，对文献的各种外部特征进行定量分析，用数据来描述或解释文献的特征、变化规律及其他内容的一种研究方法。本研究旨在通过对国内外工程教育监测、工业与经济监测等的数据资料及典型指标等相关数据的文献进行检索、收集、鉴别、整理、分析，形成对事实的科学认识并进行系统分析，然后在此基础上尝试构建监测指数。文献计量法的优势在于其客观性和可量化性，能够相对客观的反映中国工程教育的现状以及与国际比较的差异，并可以做出趋势研判，具有较强的说服力。同时，文献计量法的分析结果通常用数字、图表展示，形象直观、一目了然。

德尔菲法。 德尔菲法（Delphi method）是一种两轮次或多轮次、匿名式反馈专家调查法，根据调查目的和调查问题，拟定调查问卷后，按照相关程序开展问卷调查。调查问卷的设计是德尔菲法的关键步骤，问卷主体应根据主题设计出本次调查需要征询意见的题目及填表说明，指导专家规范地完成问卷作答。问卷设计的问题尽量简练清晰，问题数量尽量精简。德尔菲法是一种典型的专家观点法，能够汇聚大量专家的智慧，凝聚专家的经验，并能共同预测未来发展趋势。

比较研究法。研究重点收集了中国、美国、德国、英国、俄罗斯、日本等国家的工程教育数据，对入学机会与大学表现、教育资源可获得性、工程科技人才可雇佣性、科技创新能力、高科技企业与高端制造业水平等维度进行比较分析，识别我国工程教育在全球竞争格局中的优势与短板，以期为我国工程教育持续提高竞争力提供数据支撑。

二、评价数据的一致性与缺失问题

教育国际竞争力研究数据的主要来源包括两类，一是统计报告，包括：国家统计局《中国统计年鉴》、世界银行《世界发展报告》、教育部《中国教育事业统计年鉴》、国家统计局《中国劳动统计年鉴》、经济合作与发展组织（OECD）《教育概览》、联合国教科文组织统计研究所（UIS）《全球教育概论》。二是分析报告，包括世界经济论坛《全球竞争力报告》、世界大学排行榜。二者的区别是，统计报告的数据相对客观，而分析报告数据往往是来自经过加工的问卷调查，主观性较强。总的来看，教育竞争力研究的主要数据来源是二手数据，缺乏一手数据。

工程教育国际竞争力评价在数据方面的挑战更为严峻。例如，联合国教科文组织自然科学部门工程与基础科学前负责人托尼·马乔栾（Tony Marjoram）在2018年首届国际工程教育论坛中指出：工程极大地改变了我们的世界，工程对可持续的社会、文化和经济发展、减贫、气候变化等至关重要。但"什么是工程""什么是工程师""工程知识是如何产生、传播、测量和管理的""为什么在政府部门、经济部门、媒体、社会公众的视野中工程常常被忽视""我们UNSECO到底能做什么"等问题都是需要考虑的。[①] 一个国家有多少工程师？需要多少工程师？如何培养这些工程师？在未来的十年、二十年、五十年，需要哪些类型的工程师，与当下相比是否有变化？是否会出现工程师短缺，或者人才外流的情况？这一系列问题，至今没有统一的答案。这些问题之所以复杂，在于不同领域、不同类型、不同层面的工程师们的需求是不一样的，不同行业对工程师要求和需求也是不一样的。众所周知，工程相关的统计数据是碎片化的，尤其是在发展中国家。所以从工程的意义上来讲其实是不

---

① [澳]托尼·马乔栾. 现代化工程的模型与度量：面向能力建设与可持续发展[A]//UNESCO国际工程教育中心编. 面向未来的工程教育能力建设[C]. 北京：高等教育出版社，2018.

可靠的。爱因斯坦(Albert Einstein)曾经说过,并非所有重要的东西都计算,也并非所有计算的东西都重要。在很多国家,工程师都是短缺的。通常10年的时间才能培养出一个有资质的工程师。工程师培养要面向未来,必须提前10~20年进行规划,尤其是在新的知识领域更是如此。在一些传统学科中,很多工程师由于年龄的增长会逐渐退休,退休后的工程科技人才如果不能继续发挥作用,将是人力资源的极大浪费,相关政府会为此而感到忧虑。

本书认为,关于工程数据和指标,大家对它们的关注度远远不够。在发表的论文或其他出版物中,尚未包括全面和权威的工程统计数据。人们收集数据,并用来衡量和解释什么是工程、什么是工程师。但是,数据并不见得能够描述事物的方方面面,工程数据的统计口径和质量至关重要。

我们在之前的相关研究报告——《构建工程能力研究》中已指出,与科学统计相比,当前全球工程教育领域数据不容乐观,数据缺失、数据垄断、数据孤岛问题普遍存在。这都对判断工程教育国际竞争力十分不利。考虑到目前还没有更科学、更全面的工程技术人员统计数据,关于工程人力资源的基本数据最接近的衡量方式是采用科技人力资源来替代。OECD的"科技人力资源"(HRST)、"堪培拉手册"关于"科技人员的存量与流动"部分,就有科技人力资源的相关界定,包含具体的职业、学位水平划分等指标。但仍存在一些难以解释或定义的数据,比如对科学家和工程师的定义。关于研发活动的统计数据,是建立在经验数据和分析结果的基础之上的,主要是针对发达国家,而并非发展中国家,所以往往无法进行比较。到底什么是研究,哪些领域是应用学科,哪些是基础学科等,这些在决策和制定政策的过程中,都需要慢慢调整并加以充分关注。

三、指标设计原则

本研究中工程教育竞争力的指标设计,遵循数据可得、维度可比、多维评价和不做排名四个原则。核心是通过一系列指标分析和多维比较,观察和认识中国工程教育国际竞争力的现状、地位、优势和劣势。

原则一:数据可得。《科学》社论指出,科学由数据所推动,数据推动着科学的发展,科学即数据,数据即科学[①]。因此,应当让数据能够被更广泛地获

---

① 王丹红.《科学》社论:确保数据有最大可获取性[EB/OL].[2021-04-07]. http://www.cas.cn/xw/kjsm/gjdt/201102/t20110221_3073433.shtml.

取,成为科学研究的一个基本要素。评价指标在确保能真实地体现和反映综合评价的目的,能准确地刻画和描述对象系统的特征外,同时也要保证评价指标所需的数据是公开可获得的数据,可以被检索、下载、搜寻或索引以及计算。借助于公开、透明和可供分享的数据,在对科学数据分析的基础上,可对工程教育国际竞争力进行比较分析。为保证数据可得性,本研究中指标的数据来源均为公开数据,主要来自以下数据库:

(1)联合国教科文组织统计研究所 data.uis.unesco.org
(2)世界银行 https://data.worldbank.org.cn
(3)经济合作与发展组织 https://data.oecd.org
(4)美国国家工程院 https://www.nae.edu
(5)世界知识产权组织 https://www.wipo.int
(6)世界劳工组织 https://www.ilo.org/global/statistics-and-databases
(7)中国国家统计局 https://www.stats.gov.cn
(8)世界工程组织联合会 http://www.wfeo.org/

原则二:维度可比。 何塞·加里多(Jose Garrido)认为"可比性"要求所比较的对象具有相互比较的可能性,同质性是说它们的构成特点、本质成分是相同的[①]。例如,在财务领域,采用同一套会计准则视为可比性的实现,采用全球准则能够促进全球资本市场的有效运作。在经济学领域,可比是指计算的各种总量指标采用扣除了价格变动因素的价格,在这里则注重强调指标数据处在同一逻辑等级层次上,在一定程度上可以提高可比性和信息质量。如在研发投入(基础研发投入、应用研发投入和实验开发投入)中,各国均使用购买力平价的数据,根据各国不同的价格水平计算出来的货币之间的等值系数。

原则三:多维评价。 评价指标是对对象系统某一特征的描述和刻画,评价指标集则应该能较全面地反映被评价对象系统的整体性能和特征,能从多个维度和层面综合地衡量对象系统的属性。当然,这种完备性,并不是要求评价指标体系能百分百完整地表达出对象系统的全部特征(事实上也很难做到这一点)。通常情况下,只要求评价指标体系能表达出评价对象的主要特征和主要信息即可。对于一个复杂的对象系统,在完备性基础上构建的指标体系一般都具有一定的类别性和层次性。因此,在综合评价指标体系的设计与构建过程中,可以根据对象系统特征的类别与层次进行完整性设计[②]。本处的多

---

① [西班牙]何塞·加里多. 比较教育概论[M]. 万秀兰,等译. 北京:人民教育出版社,2001.
② 彭张林,张爱萍,王素凤,等. 综合评价指标体系的设计原则与构建流程[J]. 科研管理, 2017, 38(S1):209-215.

维评价的思想,是针对综合评价与总结评价的,这根本在于本研究将工程教育国际竞争力定义为一种比较优势和竞争优势。因此,本研究不强调得到一个工程教育国际竞争力的排名,而是发现优势(及短板),进而提出改进策略。

原则四:不做排名。近三十年来,世界高等教育领域排名之风盛行。信仰排行榜的人和机构,怀着极大的好奇心去研究这种指数的计算方式,很可能不由自主地按这种思路调整发展策略,因而产生扭曲和异化,这是高等教育领域排名作为一种外部信号反向刺激机构内部变化的一种现象。高等教育领域中的机构和学科排名等,本质上是话语权,而无关科学性。要解决"如何正确对待排名"这一问题,其关键在要在研究中理性看待排名正向功能和固有局限,即排名是评价的方式之一,而不是全部;排名的指标体系和权重体系都是主观的,因此不管数据如何客观,其结论必然会带有主观色彩;排名主要的价值在于提供信息,而不是提供最终判断。因此,排名至多仅具有参考价值。在衡量竞争力的问题上,主要的关注点应该放到各项指标中所反映的问题和短板上。本研究不是针对中国、美国、德国、英国、俄罗斯、日本等国家的工程教育竞争力进行综合排名,而是通过多维分析,对于具体指标进行比较,特别是对入学机会与大学表现、教育资源可获得性、工程科技人才可雇佣性、科技创新能力和高科技企业与高端制造业水平进行比较,考察各个维度上的规模竞争力、结构竞争力和可持续竞争力,进而发现中国在各维度、各层面上的优势与劣势,为推动工程教育综合改革提供依据。

四、指标体系框架

2007年,美国竞争力委员会发布了《竞争力指数:美国的立场》(*Competitive index: Where America stands*)报告。该报告提出的几个观点令人印象深刻。报告指出:"竞争力不是拥有规模最大的经济体,而是人均最具生产力的经济体。竞争力不是低成本劳动力出口份额最大甚至经济增长最快。它通过创造条件来使公司和公民能够拥有生产力,从而使工资和投资回报能够支持有吸引力的生活水平。""竞争力不是零和游戏。其他经济体的成功也不意味着美国竞争力的失败——在其他经济体那里创造一个工作并不意味着在美国失去一份工作,在其他经济体那里建立一个新的研发实验室并不意味着在这里失去了一个,另一个国家出口的增加并不一定意味着美国的下降。"现在,这个报告提出的一些观点受到了现实挑战,这是令人遗憾的。中美两个大国的竞争力角逐,正在成为全世界关注的话题。报告同时指出,"当今世界不平等程度在上升,受教育程度最高的人经济繁荣,而那些缺乏教育和技能的人则难以跟上步伐。全球市场使美国更加繁荣,但这对那些处于技能阶梯低端的人来说是尤其具有挑战性"。① 随着新兴经济体的增长,国际竞争力面临新的竞争环境,这些新兴经济体国家可以通过融入全球价值链而迅速打入全球产业链——把来自世界各地的投资与本国廉价的劳动力和国内日益高效的基础设施相结合。

报告认为,21 世纪的贸易指标未能反映 21 世纪的竞争力发展情况,而教育特别是高等教育、劳动力市场的青年专业人才存量、高科技企业创新能力、全球公司的产业转移、信息技术普及等因素对国家的竞争力具有重大影响。时至今日,中国作为世界上发展最为快速的新兴经济体,高等工程教育的发展,必然成为国家竞争力的核心构成部分。我们工程教育的竞争力到底怎么样?

波特关于国家竞争优势的研究中,认为生产要素(包括自然和人力资源)、需求条件、相关及支持产业、竞争对手的表现等是影响竞争力的关键要素。本研究结合前期研究,认为高等工程教育与高等教育发展、教育资源投入、劳动力市场状况、科技研发能力和产业发展具有复杂关系,各个部分构成相互影响的复杂动力系统。简言之,高等工程教育的国际竞争力主要受到以下几个因素的影响:一是高等教育竞争力的影响,可以从高等教育入学机会和大学综合表现两个方面来衡量,前者为适龄人口提供教育机会,后者是大学质量的外在表现;二是高等教育资源竞争力,包括教育经费的投入和人力的投入,特别是教师的投入,二者是确保工程教育竞争力的关键;三是劳动力市场中工程科技人才竞争力,可以用人才可雇佣性来衡量;四是科技研发竞争力,主要可以用人力资源和研发投入水平来衡量;五是高科技企业和高端制造业竞争力,主要可以用高科技企业与其他国家企业竞争中的表现、制造业对经济发展的贡献以及高端制造业水平等来衡量。这五个方面的竞争力对工程教育竞争力的影响关系如下图(图 5)所示。

本研究的评价指标除了考虑以上五个维度,同时亦对大多数具体指标从规模竞争力、结构竞争力和持续竞争力等三个方面进行分析。其中,规模竞争

---

① council on competiveness. competiveness index:where America stands [R/OL]. [2001-04-07]. https://www.hbs.edu/publication% 20files.

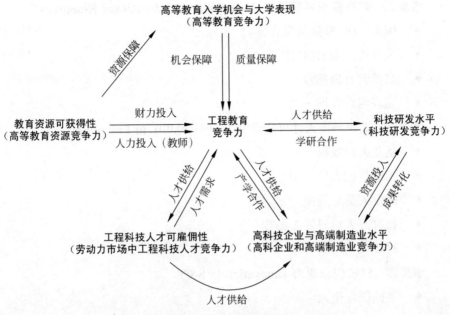

图 5　工程教育竞争力的影响因素与指标框架

(来源：ICEE)

力是指各维度上具体指标的总量表现，以刻画规模特征；结构竞争力主要是指各维度具体指标的比例关系，以反映结构特征；可持续竞争力主要是指各维度具体指标随时间的变化趋势，以反映其发展稳定性和持续性。每个维度包含数量不等的具体测量指标。需要指出的是，某些具体的指标在搜集过程中并未搜集到完整的数据，但并不能简单地否定其重要性，所以在指标设计中不能简单删除。

五个维度的具体指标如下：

维度一：入学机会与大学表现 Accessibility in Higher Education

- 高等教育在校生总规模
- 高等教育毛入学率
- 高等工程教育在校生占比
- 高等工程教育毕业生百分比
- 国际流动学生的净流量
- 世界大学排行榜总体表现
- 世界大学排行榜工程学科表现

维度二：教育资源可获得性 Availability of Educational Resources
- 国家 GDP 总量与世界排名
- 教育投入占 GDP 比例
- 高等教育教师数
- 互联网普及性

维度三：工程科技人才可雇佣性 Employability in Labor Forces
- 就业人口规模
- 工业就业人口占比
- 研发人员总规模
- 每百万人口研发人员数
- 科技人员可获得性

维度四：科技创新能力 Innovation in S&T
- 基础研发投入
- 应用研发投入
- 实验开发投入
- 研发投入占 GDP 比例
- 申请专利数
- 每万名研发人员申请专利数
- ESI 科技论文总量
- 每万名研发人员论文平均数
- 全球创新指数

维度五：高科技企业与高端制造业水平 High-tech Incorporates and Advanced Manufacturing
- 世界 500 强企业数量对比
- 工程专利申请数
- 制造业增加值的 GDP 占比
- 各国工业增加值 GDP 占比比较
- 工业增加值的年增长率
- 高科技出口
- 单位能源消耗产出 GDP

五、指标详细解读

为了保证指标的国际可比性和指标数据的可获得性,本研究构建的工程教育国际竞争力测量指标体系中的所有指标项及其数据,都选自国际组织公开发布的数据。主要包括前述:联合国教科文组织统计研究所(UIS)、中国统计局、世界银行官网、世界经济论坛的《全球竞争力报告2019》、国际管理发展学院的《世界竞争力年鉴》、经济合作与发展组织(OECD)的《教育概览》、联合国教科文组织的《全民教育全球监测报告》、世界劳工组织(ILO)、世界知识产权组织(WIPO)等官方公布的数据信息。

各个维度的具体指标的含义和测算方法如下:

(一)维度一:入学机会与大学表现

入学机会与大学表现 Accessibility in Higher Education

(1)高等教育在校生总规模

定义:高等教育不分年龄的在校学生注册总数。

用途:该指标可反映人口中高等教育学校学生的总规模情况。

公式:高等教育在校生总规模=普通高等教育本、专科在校生数+研究生在校生数+成人本、专科折合在校生数(成人脱产班在校生数+成人夜大在校生数×0.5+成人函授在校生数×0.5)+网络本、专科在校生数×0.5+自学考试毕业人数×1.5+在职攻读学位研究生在学人数+研究生课程进修班在学人数×0.5+军事院校本专科在校生数。

数据来源:教育事业统计公报、国家统计局人口统计、人力资源和社会保障部公布技工学校数据。

(2)高等教育毛入学率(%)[①]

定义:高等教育毛入学率是指高等教育在学人数与适龄人口数之比。根据联合国教科文组织的官网定义:在高等教育面,一般指高中毕业之后开始的5年之内的年龄组(18~22岁)。

用途:该指标可反映高等教育总体的入学水平和能力,可作为教育机会

---

① Gross enrolment ratio [EB/OL]. [2021-04-07]. http://uis.unesco.org/en/glossary-term/gross-enrolment-ratio.

类指标。

公式：高等教育毛入学率＝高等教育在校学生总数/18~22岁年龄组人口数×100%。

数据来源：教育事业统计报表、国家统计局人口统计、人力资源和社会保障部公布技工学校数据。

(3) 高等工程教育在校生占比

定义：高等工程教育在校生占比是指高等教育中工学专科生、本科生、硕士研究生及博士研究生在校生占全部高等教育在校生的百分比。

用途：该指标可反映高等工程教育总体的入学水平和能力，可作为教育机会与发展类指标。

公式：高等工程教育在校生占比＝工学在校学生数/高等教育在校学生总数×100%。

数据来源：教育统计年鉴、国家统计局人口统计。

(4) 高等工程教育毕业生百分比

定义：工学专科生、本科生、硕士及博士毕业生占全部工科在校生(包括不同年级所有学生)的百分比。

用途：该指标数据可反映工学专业毕业生的就业率及社会需求量。

公式：高等工程教育毕业生占比＝工学毕业学生数/高等教育毕业学生总数×100%。

数据来源：教育统计报表。

(5) 国际流动学生的净流量

定义：国际流动学生的净流量是指某国国际学生净流入数量。随着全球化的演进和扩张，越来越多的学生远赴国外寻求优质高等教育机会，而且流动的程度、频度和广度正呈现加速上升趋势。国际学生流动格局的变化，受到多种因素的影响，如人口情况、经济增长或衰退、高等教育质量、移民政策和留学目的国法制环境、奖学金项目等。除此之外，教育经济产业化以及教育资源供给多元化也是影响学生流动趋势的新动因。

用途：国际流动学生的净流量是反映一国高等教育吸引力和国际竞争力的重要指标。

公式：国际流动学生的净流量＝国际学生流入数量－本国学生流出数量。

数据来源：UIS。

(6) 世界大学排行榜总体表现

定义：本研究在众多高等教育世界大学排名中，选择英国泰晤士高等教育世界大学排名(Times Higher Education World University Rankings，THE)作为主要参考依据。主要原因是 THE 在排名方面不仅提供了世界大学排行榜总体排名，同时在影响力排名、教学排名以及专项领域研究排名等方面持续提供参考数据。在世界影响力排名中，THE 也是唯一一家将联合国可持续发展目标(United Nations' Sustainable Development Goals，SDGs)作为参考的排名。THE 从 2004 年起，每年更新一次，在其 2020 年发布的 2021 年高等教育世界大学排行榜中，包括 90 个国家和地区在内的 1500 多所研究密集型大学被纳入考量范围，主要以教学、研究、论文引用、国际化/国际展望、产业收入等 5 个方面共计 13 个指标作为这些大学进行排名和分析的依据①。第一个方面是教学，主要参考该大学所营造的学习环境，具体包括声誉调查、师生比例、其授予博士学位数量与授予学士学位数量的比例、授予博士学位数量与教职员数量的比例和大学总共的收入等 5 个指标。第二个方面是研究，这一部分主要以研究数量、所获收入及享有的学术声誉等 3 个指标来衡量。第三个方面是论文引用，通过与爱思唯尔(Elsevier)这一世界上最大的科技文献数据库合作，调查超过 8600 万份的引用等方法来进行衡量。第四个方面是国际化/国际展望，这一部分主要是以国际学生占比、国际工作人员占比和国际联合著作来进行衡量的。第五个方面是产业收入，这一部分主要根据投资和研究成果转化所获得的收入来进行衡量。

用途：主要衡量各国在世界大学排行榜的总体表现。

数据来源：THE 官方网站。

(7) 世界大学排行榜工程学科表现

定义：THE 世界大学学科排名由包括工程学在内的 11 个独立而又详细的学科排名组成②，本研究选择 THE 的统计口径作为工程学科表现的依据。

用途：主要衡量各国在工科学科的总体表现。

数据来源：THE 官方网站。

---

① 2021 年度泰晤士高等教育世界大学排名：研究方法[EB/OL].[2021-04-07]. https://www.timeshighereducation.com/cn/world-university-rankings/world-university-rankings-2021-methodology.

② THE World University Rankings [EB/OL].[2021-04-07]. https://www.timeshighereducation.com/world-university-rankings/2021/subject-ranking/engineering-and-IT#!/page/0/length/25/sort_by/rank/sort_order/asc/cols/stats.

（二）维度二：教育资源可获得性

教育资源可获得性 Availability of Educational Resources

（1）国家 GDP 总量与世界排名

定义：国家 GDP 总量与世界排名是指一个国家所有常住单位在一定时期内生产活动的最终成果，以及各个国家 GDP 总量在世界上的排名顺序[①]。

用途：国内生产总值 GDP 是核算体系中一个重要的综合性统计指标，它反映了一国（或地区）的经济实力和市场规模。

公式：

支出法：$Q_1P_1+Q_2P_2+\cdots+Q_nP_n=GDP$

Q_1、$Q_2\cdots Q_n$ 代表各种最终产品的产量，P_1、$P_2\cdots P_n$ 代表各种最终产品的价格。

收入法：国内生产总值＝劳动者报酬+生产税净额+固定资产折旧+营业盈余。

数据来源：世界银行。

（2）教育投入占 GDP 比例

定义：教育投入占 GDP 比例是指世界各国公共财政性教育经费投入占国内生产总值（GDP）的百分比[②]。

用途：教育经费占 GDP 比例是衡量国家对教育资源投入重视程度及教育发展程度的重要指标。

公式：教育财政投入占 GDP 比例＝当年国家财政性教育经费/当年国内生产总值。

数据来源：世界银行。

（3）高等教育教师数量占比

定义：高等教育教师数量占比是指具有教师资格，在各级各类高等教育学校（机构）专职从事教学工作的人员数量。

用途：该指标反映了某一国家或地区的高等教育师资力量。

---

① 国家统计局. 国民经济核算［EB/OL］.［2021-04-07］. http://www.stats.gov.cn/tjsj/zbjs/201912/t20191202_1713058.html.

② Government expenditure on education, total (% of GDP)［EB/OL］.［2021-04-07］. https://data.worldbank.org/indicator/SE.XPD.TOTL.GD.ZS.

公式：高等教育教师数量占比=高等教育教师数量/该国从事教育工作的教师总数。

数据来源：教育事业统计报表。

（4）互联网普及性/率

定义：互联网普及性/率是指该国使用互联网用户占全国人口的比例。

用途：该指标反映一个国家或地区经常使用互联网的人口比例，通常国际上用来衡量一个国家或地区的信息化发达程度。

公式：互联网普及性=使用互联网的人口数/全国总人口数。

数据来源：世界银行。

（三）维度三：工程科技人才可雇佣性

工程科技人才可雇佣性 Employability in Labor Forces

（1）就业人口规模

定义：就业人口规模是指在一定年龄以上，有劳动能力，为取得劳动报酬或经营收入而从事一定社会劳动的人员的数量。具体包括有年满16周岁，为取得报酬或经营利润，在调查周内从事了1小时(含1小时)以上劳动的人员数量；由于学习、休假等原因在调查周内暂时处于未工作状态，但有工作单位或场所的人员数量；由于临时停工放假、单位不景气放假等原因在调查周内暂时处于未工作状态，但不满三个月的人员数量[1]。

用途：反映了一定时期内全部劳动力资源的实际利用情况。

数据来源：国家统计局。

（2）工业就业人口占比

定义：工业就业人口占比是指工业就业人口占各产业总人口的比例[2]。

用途：该指标反映了某一国家或地区的工业人才市场需求和工业人才供给情况。

公式：工业就业人口占比=工业就业人口总数/就业人口总数。

数据来源：世界银行、国家统计局。

---

[1] 国家统计局.就业与工资[EB/OL].[2021-04-07]. http://www.stats.gov.cn/tjsj/zbjs/201912/t20191202_1713057.html.

[2] World Bank. Employment in industry [EB/OL]. [2021-04-07]. https://data.worldbank.org/indicator/SL.IND.EMPL.ZS.

(3)研发人员总规模

定义:研发人员是指统计单位直接从事研发的所有人员,无论是由统计单位聘用的人员还是完全融入统计单位的研发活动的外部贡献者,以及为研发活动提供直接服务的人员(如研发经理、管理人员、技术人员和文书人员),按其研发职能分为研究人员、技术人员和为研发活动提供直接服务的其他辅助人员。

用途:研发人员的数量和质量是衡量一个国家创新能力的重要指标。

数据来源:中国国家统计局、联合国教科文组织。

(4)每百万人口研发人员数

定义:每百万人口研发人员数是指在某学年内平均每百万人口中含研发人员人数。

用途:该指标可反映人口中研发人员的相对规模情况。

公式:每百万人口研发人员数=某一年研发人员总数/当年人口总数×1 000 000。

数据来源:中国教育事业统计报表、国家统计局人口统计、人力资源和社会保障部公布的技工学校数据。

(5)科技人员可获得性

定义:科技人员可获得性是指在某国找到所需具备特定技能人才的难易程度。

用途:该指标可反映劳动力市场中能够找到特定人才的难易程度,反映某国科技人才资源供给上的丰富程度。

公式:该指标的数据来源于调查问题"在你的国家,公司能在多大程度上找到具备所需技能的人才来填补职位空缺?",用1~7来打分,1表示"一点也不能",7表示"在很大程度上"。这是一项主观数据,限于调查范围和非严格抽样,仅具有参考意义。

数据来源:世界经济论坛《全球竞争力报告》。

(四)维度四:科技创新能力

科技创新能力 Innovation in S&T

(1)基础研发投入占比

定义:基础研发指一种不预设任何特定应用或使用目的的实验性或理论

性工作,其主要是为了获得(已发生)现象和可观察事实的基本原理、规律和新知识①。其成果以科学论文和科学著作为主要形式,反映原始创新能力,此处指的是一国对基础研发的经费投入。

用途:衡量某一国家对基础研发领域的重视程度,与科技进步水平及实力的增强密切相关,也是衡量一个国家综合国力的重要指标之一。

公式:基础研发投入比=基础研发投入/研发经费总投入。

数据来源:全国科技经费投入统计公报。

(2)应用研发投入占比

定义:应用研发投入占比是指为了将已经研究开发成功的新知识应用于实践,或为达到某一特定的实际目的或目标而开展的初始性研究。其成果形式以科学论文、专著、原理性模型或者发明专利为主,用来反映对基础研究成果引用途径的探索,这方面的经费投入被称为应用研发投入。

用途:衡量某一国家对应用研发领域的重视程度,与科技进步水平及实力的增强密切相关,也是衡量一个国家综合国力的重要指标之一。

公式:应用研发投入占比=应用研发投入/研发经费总投入。

数据来源:全国科技经费投入统计公报。

(3)实验开发投入占比

定义:实验开发投入占比是指利用从科学研究、实际经验中获取的知识和研究过程中产生的其他知识,开发新的产品、工艺或改进现有产品、工艺而进行的系统性实验研究。其成果形式主要是专利、专有技术、具有新产品基本特征的产品原型或具有新装置基本特征的原始样机等。此处指的是一国在实验开发上的经费投入。

用途:衡量某一国家在实验开发方面投入的经费。

公式:实验开发投入占比=实验研发投入/研发经费总投入。

数据来源:全国科技经费投入统计公报。

(4)研发投入占 GDP 比例

定义:研发投入占 GDP 比例是指在一年内,国内研发投入总额除以国内生产总值(即所有居民生产者在经济中的总值,包括分配贸易和运输,加上任何产品税和减去不包括在产品价值中的任何补贴的总和)乘以 100%。

---

① 国家统计局.科学技术[EB/OL].[2021-04-07]. http://www.stats.gov.cn/tjsj/zbjs/201912/t20191202_1713041.html.

用途：该指标反映了该国或该区域科技研发实力和竞争力。

公式：研发投入占 GDP 比例＝国内研发投入总额/国内生产总值×100%。

数据来源：世界劳工组织、世界银行。

(5) 申请专利数

定义：专利,是专利权的简称,是对发明人的发明创造经审查合格后,由专利局依据专利法授予发明人和设计人对该项发明创造享有的专有权。包括发明、实用新型和外观设计。

用途：该指标反映了拥有自主知识产权的科技和设计成果情况。

数据来源：国家统计局、世界产权组织。

(6) 每万名研发人员申请专利数

定义：每万名研发人员申请专利数是指在一年内,国内专利申请总量除以国内研发人员规模乘以 10 000。

用途：该指标反映了某一国家或地区的知识产权发展(尤其是专利发展)水平。

公式：每万名研发人员申请专利数＝国内专利申请总量/人口总数×10 000。

数据来源：国家统计局、世界产权组织。

(7) ESI 科技论文总量

定义：ESI(Essential Science Indicators,基本科学指标)是由世界著名的学术信息出版机构美国科技信息所(ISI)于 2001 年推出的衡量科学研究绩效、跟踪科学发展趋势的基本分析评价工具,是基于汤森路透 Web of Science(SCI/SSCI)所收录的全球 11 000 多种学术期刊的 1000 多万条文献记录而建立的计量分析数据库。

用途：该指标反映了高校、学术机构、国家或地区国际学术水平及影响力。

数据来源：联合国教科文组织统计研究所。

(8) 每万名研发人员论文平均数

定义：每万名研发人员论文平均数是指一年内,ESI 科技论文总量除以研发人员规模。

用途：该指标反映了该国或该地区研发人员的能力水平。

公式：每万名研发人员论文平均数＝某一年研发人员发展论文总数/当年研发人员总数×10 000。

数据来源：联合国教科文组织统计研究所。

(9)全球创新指数

定义：全球创新指数(Global Innovation Index，GII)是世界知识产权组织、康奈尔大学、欧洲工商管理学院于2007年共同创立的年度排名,衡量全球120多个经济体在创新能力方面的表现。

用途：全球创新指数是一个基于多项测量指标的科学量化工具,有助于各种政府政策制定者、企业决策者采取最为优化的决策以推动创新活动的开展。

公式：根据80项指标对126个经济体进行排名,这些指标包括知识产权申请率、移动应用开发、教育支出、科技出版物等。该指数提交给欧洲委员会联合研究中心,进行独立统计审计。

数据来源：世界知识产权组织、康奈尔大学、欧洲工商管理学院。

（五）维度五：高科技企业与高端制造业水平

高科技企业与高端制造业水平 High-tech incorporates and advanced manufacturing

(1)世界500强企业数量对比

定义："世界500强"是中国人对美国财富杂志每年评选的"全球最大五百家公司"排行榜的一种约定俗成的叫法。其评选标准包括：销售收入；企业统计数据必须具有较高的透明度；独立的公司治理；统一按美元进行排序；必须在规定的时间内申报相关资料。

用途：该指标可以反映一个国家的企业的发展速度和实力。

数据来源：《财富》杂志

(2)工程专利申请

定义：工程专利申请数量。

用途：该指标反映一个国家工程科技成果的基本情况。

数据来源：国家统计局、世界产权组织。

(3)制造业增加值的GDP占比

定义：制造业指属于国际标准产业分类(ISIC)中第15-37类的产业。某行业的增加值,根据《国际标准行业分类》(ISIC)修订本第3版确定[①]。制造业

[①] 注：对于VAB国家,把按要素成本计算的总增加值作为分母。

增加值是在产品的原有价值的基础上,通过生产过程中的有效劳动新创造的价值,即附加在产品原有价值上的新价值。

用途:该指标主要反映利用高技术、新技术、新工艺、新材料生产的情况。

公式:制造业增加值在 GDP 中占比=制造业增加值 GDP/国内生产总值。

数据来源:世界银行国民经济核算数据、经济合作与发展组织国民经济核算数据。

(4)各国工业增加值 GDP 占比

定义:工业增加值是指工业企业在报告期内以货币形式表现的工业生产活动的最终成果;是工业企业全部生产活动的总成果扣除了在生产过程中消耗或转移的物质产品和劳务价值后的余额;是工业企业生产过程中新增加的价值。增加值是国民经济核算的一项基础指标。

用途:各部门增加值之和即是国内生产总值,它反映的是一个国家(地区)在一定时期内所生产的和提供的全部最终产品与服务的市场价值的总和,同时也反映了生产单位或部门对国内生产总值的贡献。

公式:工业增加值的 GDP 占比=工业增加值 GDP/国内生产总值。

数据来源:世界银行国民经济核算数据、经济合作与发展组织国民经济核算数据。

(5)工业增加值的年增长率

定义:工业与 ISIC 第 10~45 项相对应,并包括制造业(ISIC 第 15~37 项)。工业增加值包括采矿业、制造业(同时作为独立组别予以公布)、建筑业、电力、水和天然气行业中的增加值。增加值为所有产出相加再减去中间投入得出的部门的净产出。增加值来源是根据《国际标准行业分类》(ISIC)修订本第 3 版确定的[①]。

用途:该指标反映了国有工业企业或中大型工业企业(主营收入大于 2000 万)的发展状况。

公式:

生产法:工业增加值=工业总产值−工业中间投入+本期应交增值税。

收入法:工业增加值=固定资产折旧+劳动者报酬+生产税净值+营业盈余。

---

① Industry (including construction), value added (% of GDP) [EB/OL]. [2021-04-07]. https://data.worldbank.org.cn/indicator/NV.IND.TOTL.ZS?end=2019&start=1973&view=chart.

数据来源：世界银行国民经济核算数据、经济合作与发展组织国民经济核算数据。

(6)高科技出口产品(占制成品出口的百分比)

定义：高科技出口产品是指具有高研发强度的产品，例如航空航天、计算机、医药、科学仪器、电气机械[①]。

用途：该指标反映了国家高新技术产品出口企业的产业结构、技术、劳动力等发展状况。

公式：高科技出口占比＝高科技出口总数产品/制成品出口总数×100%。

数据来源：联合国商品贸易统计(UN Comtrade)数据库。

(7)单位能源消耗产出 GDP

定义：单位能源消耗产出 GDP 是指平均每千克石油当量的能源消耗所产生的按购买力平价计算的 GDP[②]。

用途：用来反映一个国家经济活动中对能源的利用程度，反映经济结构和能源利用效率的变化。

公式：单位能源消耗产出 GDP＝国内(地区)生产总值(万元)/能源消费总量。

数据来源：国际能源机构(IEA Statistics)[③]、世界银行的 PPP 数据。

[①] High-technology exports (% of manufactured exports) [EB/OL]. [2021-04-07]. https://data.worldbank.org.cn/indicator/TX.VAL.TECH.MF.ZS?view=chart.

[②] GDP per unit of energy use (constant 2017 PPP $ per kg of oil equivalent) [EB/OL]. [2021-04-07]. https://data.worldbank.org.cn/indicator/EG.GDP.PUSE.KO.PP.KD.

[③] iea.org/stats/index.asp.

第三章　入学机会与大学表现的国别比较

一、高等教育在校生总规模

高等教育,在一些国家中也被称为"第三阶段教育"(Tertiary Education),是指所有在中学之后的教育。接受高等教育不仅仅让个人受益,同时也使整个教育系统更加完善。高等教育既包含公立院校和私立院校,也包括一些学院、技术培训中心和一些职业院校。扎实而有效的高等教育是当今高科技领域不断创新和进步的先决条件。受过良好高等教育的毕业生在就业方面也更加容易被雇佣、获得更高的薪资,同时更加具备面对一些经济冲击的能力。

高等教育对于整个社会的影响也是深远的。因为高等教育毕业生会更加具备环境意识,拥有健康的习惯,并且会具有更高的社会文明建设参与度。高等教育不仅培养个人具备一定的相关工作能力,同时让他们可以成为高素质社会成员。截至2017年,世界约有2亿在校大学生,而在1998年,这一数字仅为8900万。

尽管高校毕业生人数持续攀升,但仍然存在毕业生的能力无法与现有的劳动市场进行融合与对接的现象。与此同时,数量庞大的学生也给高等教育机构带来了诸多压力,一些国家在保证教育质量的前提下,正在满足更大的学生群体对于高等教育的需求。尽管如此,高等教育对于世界上许多贫困和边缘地区的人来说依然遥不可及。

高等教育在校生规模是衡量一个国家大学入学机会的重要指标。从总量看,当前中国拥有世界最大规模的高等教育体系。数据显示,2019年中国有高等教育在校生4002万余名①。美国在高等教育规模指标上排名第二,2017年,美国共有1901万余名高校在校生,比同时期中国高校学生数量少2000万名以上。需要指出的是比较不同国家高校学生数量时,不能忽略不同国家总人口的差别,中国人口数是美国人口数的4倍多,高校学生数量虽比美国多,但高校学生数在总人口数中的占比却比美国低得多。日本在对比国家中排在第三,2017年高校在校生385万余名。德国排名第四。英国排名第五。俄罗斯排名第六,以最新可获得的数据,2017年俄罗斯高校在校生约为53万名。

从变化趋势来看,中国高校在校生数呈逐年上升趋势,2019年中国高等教育在校生为4002万余人,相比2013年的3460余万,6年间增加了1542万余名高校在校生,增幅44.57%,年均增幅7.42%。2007年,中国高校在校生数量首次超过美国,成为世界高等教育规模第一的国家,此后中国一直保持着世界最大规模的高等教育,这是一种持续增长。中国高等教育规模的快速增长,最主要的原因来自1999年开始的高校扩招②。1998年中国高校招生数为108万人,2019年全国招生数915万人,相比1998年增加了约7.5倍。2020年高考报名达到1071万人,超越2008年的1050万人,创历史新高③。从可获得的数据来看,美国高等教育规模则呈现缓步下降的趋势,自2014年以来,年均约减少22.8万人高等教育在校生。

俄罗斯的高教育规模同样呈现出逐年下降的趋势。2013年,俄罗斯高校学生为61.8万人,而2017年已经下降到53.2万人,5年间骤减了8.6万人,下降幅度达到惊人的13.9%。其中最主要的原因是俄罗斯曾经经历(且目前还在经历)严重的人口危机和出生率的急剧下降。尤其是2013—2017年的高校在校学生,普遍应出生于1991—1999年,而俄罗斯1987—1999年总和生育

---

① 我国的计算方式是,高等教育在学总规模=普通高等教育本专科在校生数+研究生在校生数+成人本、专科折合在校生数(成人脱产班在校生数+成人夜大在校生数×0.5+成人函授在校生数×0.5)+网络本专科在校生数×0.5+自学考试毕业人数×1.5+在职攻读学位研究生在学人数+研究生课程进修班在学人数×0.5+军事院校本专科在校生数。http://www.moe.gov.cn/jyb_hygq/hygq_zczx/moe_1346/moe_1348/201909/t20190929_401597.html.
② 搜狐教育.谨慎看待"中国高等教育规模世界第一"[EB/OL].[2021-04-07]. https://learning.sohu.com/20071016/n252670507.shtml.
③ 高招调查报告[EB/OL].[2021-04-07]. https://www.eol.cn/e_html/gk/report/2020/content.shtml.

率①从 2.22 急剧下降到 1.16,因而适龄学生数量骤减。2000—2015 年,俄罗斯人口出生率出现一定幅度反弹,但是自 2016 年起,出生率又开始下降。可以预见,俄罗斯高等教育规模将在出现小幅度回升后继续下降。英国、德国、日本则较为稳定(见图6)。

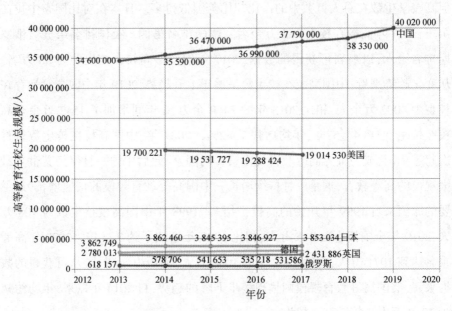

图 6　高等教育在校生总规模

(数据来源:UIS、中国教育统计年鉴;制图:ICEE)

受 2020 年新冠疫情的影响,各个国家都面临着前所未有的变局和挑战,高等教育同样面临着多重的困难。但是慕课以及其他形式的在线教育也快速发展。通过线上课堂,更多的人群有途径获得接受高等教育的机会。虽然疫情对高等教育的影响还有很多地方是不明确的,但是可以预期的是,高等教育在学规模也将加速扩大。这不仅是因为在线教育提供了更多样化的课程,相关的学分认定和在线学位项目在疫情之后也将得到扩张,这些都能有效地为更多的人提供高等教育机会。

---

① 总和生育率是指该国家或地区的妇女在育龄期间,每个妇女平均的生育子女数。数据来源:世界银行。

案例栏目：

> **《慕课发展北京宣言》的发布与世界慕课联盟的成立**
>
> 2020年12月9日至11日，世界慕课大会在清华大学举办。在此期间包括清华大学在内的首批来自世界各地的大学和研究机构加入了世界慕课联盟。慕课在中国的课程数量众多以及平台应用广泛，现已然跃居世界第一。此次大会同时发布了《慕课北京发展宣言》(简称《宣言》)。《宣言》包含了在慕课发展过程中达成的共识、获得的经验以及对未来慕课发展的愿景。在"共识"部分，"作为来自全球各地的慕课先行者，在线教育实践者以及教育改革倡导者，经历了高等教育领域深刻的变革，深信慕课与在线教育在稳定教学秩序、改变教学形态、化危机为机遇和用教育传播爱等四个方面发挥作用"。在"经验"部分，《宣言》强调了全球的大学在发展慕课与在线教育的实践中探索，在探索中创新，其中关于公平、质量、创新与服务为4点尤为重要的经验。在"愿景"部分，《宣言》呼吁"我们在此建议世界各地的联合国机构，国际和区域组织，政府，大学和在线教育机构，根据其立法，公共政策和惯例，考虑共同合作采取以下行动，以建立、发展和促进慕课与在线教育更好地服务社会。"《宣言》中也重点回应了联合国可持续发展目标4(SDG 4)，即确保包容和公平的优质教育，让全民终身享有学习机会。
>
> 参考资料：
> 清华大学. 慕课发展北京宣言[EB/OL]. https://www.tsinghua.edu.cn/info/1668/70240.htm.

二、高等教育毛入学率

根据高等教育发展三阶段论，当高等教育毛入学率大于50%时，进入高等教育普及化阶段[①]。《国家中长期教育改革和发展规划纲要(2010—2020年)》提出，到2020年，我国高等教育毛入学率要达到40%。而事实上，我国早在2015年就提前完成了40%的发展目标。主要的时间节点如下：1998年以前，我国高等教育毛入学率低于10%。2002年以前，我国高等教育毛入学率也一直低于15%，高等教育属于精英化教育。1999年开始，高校扩招后，高等教育

---

① Trow M. Problems in the Transition from Elite to Mass Higher Education[J]. Educational Problems, 1973: 57.

毛入学率急速增加。2002年我国高等教育毛入学率首次突破15%,达到马丁·特罗所说的高等教育大众化阶段。2013—2017年,中国高等教育毛入学率快速成长,从34.50%上涨到45.70%,处于大众化阶段。2018年中国高等教育毛入学率达到51.00%,首次突破50%,达到高等教育普及化阶段,2019年提高到51.6%。我国高等教育从大众化发展到普及化,总共经历了16年。相比而言,从大众化发展到普及化,美国用时26年。考虑到中国高等教育规模约为美国的两倍,而从大众化发展到普及化用时比美国缩短了10年时间,一定程度上可以表明中国在扩大高等教育入学机会上所做的巨大努力,同时也取得了很好的成效(见图7)。

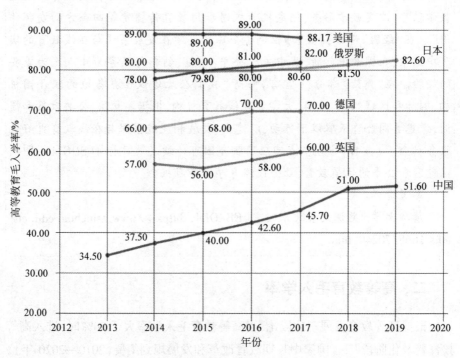

图7　高等教育毛入学率

(数据来源:UIS、中国教育统计年鉴、日本文部省网站;制图:ICEE)

但是,从整体来看,中国高等教育毛入学率在六国之中仍然是最低的,这与我国庞大的适龄人口基数有关。美国、英国、日本、德国、俄罗斯五国较早地实现了高等教育普及化。美国高等教育毛入学率在六国之中最高,2014—2018年这5年平均值为88.79%,连续4年基本保持稳定。美国是世界上第一个进入高等教育普及化的国家。美国高等教育在1946年以前为精英化阶段，1946—1971年为大众化阶段，1972至今为普及化阶段[1]。其次是日本，2014—2019年这6年平均值为80.75%，而且呈上升趋势，2019年高等教育毛入学率为82.60%，是历史最高值。俄罗斯排名第三，2014—2017年4年平均毛入学率为80.25%，与日本相似，俄罗斯高等教育毛入学率也逐年增高。德国排名第四，2014—2017年4年平均毛入学率为68.50%，从趋势来看也为上升趋势。英国高等教育毛入学率排名第五，2014—2017年这4年平均毛入学率为57.75%，同样为上升趋势。总体而言，美国、英国、德国、俄罗斯、日本都早已进入高等教育普及化。美国高等教育毛入学率已经进入稳定期，上升空间不大。因此，日本、俄罗斯、德国、英国高等教育毛入学率都呈上升趋势，并显示出可持续性。在这一指标上，中国与其他五国的差距还比较大。

可以预见，中国仍将较长时期保持世界最大高等教育规模的地位。然而，值得注意的是，高等教育规模主要取决于适龄人口数量与高等教育毛入学率。中国近年来稳定提升的高等教育规模主要得益于高等教育毛入学率的不断提升。目前中国高等教育毛入学率仍具有较大的成长空间，然而适龄人口数量呈逐年下降趋势。自从实施计划生育后，中国大陆总和生育率不但远低于其他发展中国家，而且低于世界平均水平。联合国数据显示，自1992年中国总和生育率（1.98）首次低于美国（2.05）以后，中国出生率一直落后于美国。2017年中国总和生育率为1.68，高于日本的1.43和德国的1.57，但低于英国的1.79，美国的1.77，俄罗斯的1.76。2020年12月，民政部部长李纪恒表示："目前，受多方影响，我国适龄人口生育意愿偏低，总和生育率已跌破警戒线，人口发展进入关键转折期。"[2]总的来看，中国面临着较为严峻的人口老龄化问题。唯有解决好人口结构问题，并通过不断提高高等教育毛入学率，才能使我国长期保持高等教育的规模优势，为提高人力资源竞争力奠定可持续的基础。当然，在进入到高等教育普及化门槛后，相较于其他参与比较的国家，中国要实现更高的高等教育普及率依然有很长的一段路要走。

---

[1] 何晓芳.大众化进程中的中美高等教育层次结构比较研究[J].中国高教研究，2012(01)：45-50.
[2] 民政部部长：总和生育率破警戒线，人口发展进入关键转折期[EB/OL].[2021-04-07]. https://finance.sina.com.cn/china/2020-12-01/doc-iiznctke4225172.shtml.

案例栏目：

> **总和生育率**
>
> 总和生育率(total fertility rate, TFR)，通常简称生育率，反映妇女一生中生育子女的总数。由于婴儿夭折及疾病等原因，一般来讲在发达国家总和生育率至少要达到2.1，才能达到世代更替水平，不致令人口总数随着世代更替而下降。
>
> 世代更替水平是指女性一生中平均生育一个女儿的生育率水平。假设女性在育龄结束之前没有死亡，且新生女婴和男婴数量相同，则世代更替水平应该是2.0。实际上，由于存在育龄结束前死亡的可能性，而且新生女婴数目一般少于男婴，世代更替水平基本总是高于2.0。发达国家的世代更替水平一般是2.1。发展中国家由于死亡率高和男婴数量畸高，其世代更替水平一般介于2.5~3.3。达到世代更替水平是人口维持长期稳定的必要条件。总和生育率长期低于世代更替水平将导致人口以几何级数萎缩。
>
> 参考资料：
>
> 维基百科. 总和生育率[EB/OL]. https：// zh. wikipedia. org/wiki/%E6%80%BB%E5%92%8C%E7%94%9F%E8%82%B2%E7%8E%87

另外，也需理性看待高等教育毛入学率。UNESCO提供的高等教育毛入学率的测算方法中，有五个问题值得关注：(1)在各个国家高等教育毛入学率的计算过程中，分子是统计当年高等教育机构内的在校人数，分母最理想的状态则为总人口中特定年龄段的人口数量。但分母这一特定人群数量在一些国家可能还包括一些低龄甚至超龄的人群数量，甚至在这一特定年龄范围的国际留学生数量。在此界定过程中，一些留学热门国家甚至有可能出现其高等教育毛入学率超过100%的现象，所以要理性看待毛入学率这一数据。(2)高等教育适龄人群的年龄划分是不尽一致的，尽管我们强调高等教育年龄段的划分主要在完成中学教育之后的5年，但是各国学生完成中学时的实际年龄则不尽相同。由于一些客观因素造成的延迟入学的情况也是有一定影响的。(3)一些国家存在的淘汰机制也直接影响到了高等教育毛入学率的准确性，相较于其他国家，我国的高等教育毕业率也比较高，所以在考虑高等教育毛入学率的时候，需要结合多个层面的因素进行系统的考量。(4)高等教育毛入学率虽然具有一定的宏观参考价值，但其本质仍然具有一定的争议性，在此也需要考虑到用净入学率来进行一定的衡量,过滤掉一些外来因素造成的数据不准确性。(5)我国的毛入学率大幅度的提升离不开各方面的努力,但是在追求数字提升的同时,也要加强质量的提升,这样的高等教育才能实现其真正的使命和价值。

三、高等工程教育在校生占比

总的来看,中国高等工程教育的规模优势比较明显。从总的趋势来看,各国高等工程教育在校生规模有的基本保持稳定,有的则呈现下降的趋势(日本的数据暂缺)。中国拥有最大的高等工程教育规模。2014—2019年,中国高等工程教育在校生规模占高等教育总规模的比例一直保持在1/3左右,有统计数据显示6年平均占比为33.40%。整体而言,没有明显的波动,保持稳定。俄罗斯在2013—2017年4年中,该指标的平均值为23.38%,2014—2015年呈急剧下滑趋势,在这之后也有一定波动,2017年俄罗斯高等工程教育占比21.56%,总的来看显现下降态势,德国则紧随其后,2013—2017年5年间高等工程教育在校生平均占比约为20.77%,从趋势来看其比较为稳定。英国与美国都低于10%,英国高等工程教育平均占比为9.28%。美国平均占比为7.42%。从趋势来看,英美两国高等工程教育在校生占比基本也保持稳定。高等工程教育规模占高等教育总规模的比例上的差别,与各国产业结构有十分密切的相关性(见图8)。

案例栏目:

> 产业结构
>
> 我国三大产业主要分类为第一大产业农业,第二大产业工业和第三大产业服务业(除第一、第二产业以外的其他产业)。这三大产业相互依赖、相互制约,具体表现为第一产业奠定了第二、第三产业的发展基础;第二产业既是第三产业的核心,又带动第一产业的发展;第一、第二产业的良好发展才能为第三产业创造有利条件,并且第三产业也会有力促进第一、第二产业的发展。根据2019年国家统计局发布的数据来看,我国三大产业国内生产总值均较2018年有所上升,对国内生产总值的贡献率分别为7.1%、39.0%和53.9%。我国第二产业近五年来的GDP生产总值基本保持在39%。我国高等工程教育规模占比1/3左右,也侧面反映了我国第二产业发展对于工科毕业生的需求。

从产业结构的角度来看,俄罗斯经济发展的三大支柱分别为能源产业(主要是依赖石油、天然气)、军火制造和农业出口。2014年由于国际原油价格持续下降,并影响了俄罗斯货币贬值,同时来自一些西方国家的制裁,导致俄罗斯遭遇经济危机。此次金融危机令俄罗斯人民收入不断缩水,其家庭收入分配也受到了一定影响,人们不得不将手中仅有的财富投入到更多的家庭支出当中,如生活必需品和食物等方面。同时这次危机引发的一些行业的制裁也抑制了俄罗斯在各个方面的发展,国内外的投资环境也有所改变,教育结构随着产业结构的变化而变化,俄罗斯经济危机后,俄罗斯高等工程教育在校生占比有了大幅的下降。

参考资料:

新华网. 中华人民共和国2019年国民经济和社会发展统计公报[EB/OL]. https://baijiahao.baidu com/s? id=1659777728072080205&wfr=Spider&for=pc

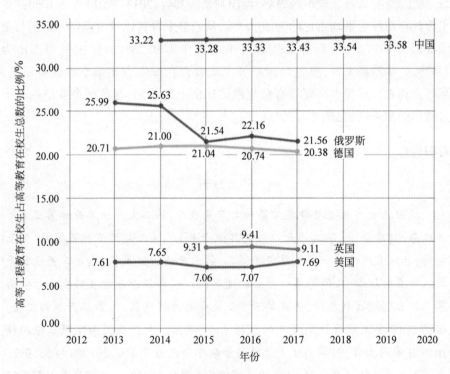

图8 高等工程教育在校生占比

(数据来源:UIS、中国教育统计年鉴;制图:ICEE)

四、高等工程教育毕业生占比

如图9所示,与高等工程教育在校生占比基本一致,中国高等工程教育毕业生占比在六国之中排名第一,2013—2019年平均值为33.36%,7年基本保持在1/3附近。德国排名第二,2015—2017年平均值为22.00%,但整体呈缓慢下降趋势。俄罗斯与德国占比接近,2013年,2015—2017年4年平均占比为20.19%。

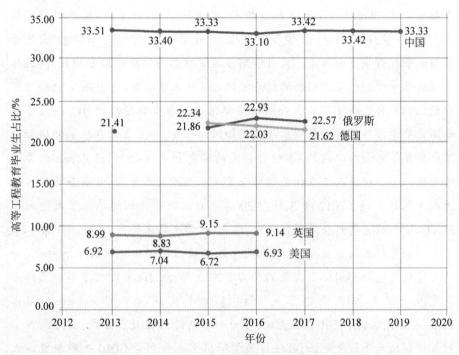

图9 高等工程教育毕业生占比

(数据来源:UIS、中国教育统计年鉴;制图:ICEE)

美国工程教育毕业生占比最低,2013—2016年平均占比为6.9%。英国高等工程教育毕业生占比平均值为9.03%。在参比的国家中,除中国近年来才实现高等教育普及化,其他国家均早已实现高等教育的普及化。但是在工科毕业生占比之中,高等教育普及化程度更高的国家,其工科毕业生占比相对较低。产业结构的变化显然影响了其高等教育的招生规模和毕业生数量。

案例栏目：

俄罗斯斯科尔科沃科技学院和 CDIO 工程教育模式

俄罗斯斯科尔科沃科技学院（Skolkovo Institute of Science and Technology，SkolTech）成立于2011年，是由来自俄罗斯的9所大学和机构联合成立的。SkolTech 在教育、研究和创业项目能力建设等方面与麻省理工学院（MIT）签订了合作发展协议。来自 MIT 的爱德华·克劳利（Edward F. Crawley）出任 SkolTech 校长。SkolTech 不设置本科项目，只设置研究生项目。在硕士阶段，SkolTech 在高级制造技术、数据科学、能源系统、信息科学与技术、生命科学、材料科学、数学和理论物理、石油工程、空间与工程系统、光子学与量子材料等方向招生。在每学期各类课程都与实际应用密切相关，具体表现为让学生有机会在创新的理论框架之下进入实验室，并且有实验项目可以让他们将自己所学习的新知识与实际结合。学生会在教职员工的指导下的课堂中学习关于科学和技术领域的知识和信息，并且在信息技术领域和计算机数学等方面加以训练，该项目最大的特色就是3~5个 SkolTech 的学生将形成一个小组进入工业相关领域来完成工业浸入式体验，开展基于项目的为期8周的实践。2012年8月有20名来自欧洲和亚洲的学生正式进入了 SkolTech 和 MIT 创新合作项目当中，这20名学生集体赴美，前往 MIT 参加了为期一个月的工作坊项目，在此期间深入了解工程领域先进技术和知识，并将其转化为适合 SkolTech 发展的动力。2013年，SkolTech 招收了第一名博士研究生。同年 MIT 举办了关于构想-设计-实践-操作（Conceive-Design-Implement-Operate, CDIO）的会议，作为一种新的工程教育方式，该方式在工程教育领域处于领先地位，时任校长爱德华·克劳利是 CDIO 工程教育方式的创始人之一。SkolTech 也遵循着 CDIO 的教育方式，在最新版本的 CDIO Syllabus 大纲文件中，强调了毕业工程师应具备专业技术知识和推理能力、个人和专业能力以及在企业和团队内部的人际交往能力，在这些能力的基础之上再进行一系列的构想、设计、实践和操作。2015年时任俄罗斯总理德米特里·梅德韦杰夫为第一届毕业生授予学位，截至2020年，SkolTech 的毕业生总数将达到1000人。SkolTech 现有136名教授，143名博士后和研究人员，202位工程师与技术人员和1000名学生正在其最先进的实验室工作。

以SkolTech的石油工程硕士项目为例，其目标是培养新一代的科学家和工程师，让他们有能力面对石油和天然气等相关领域的相关挑战，与此同时为提高现有资源的石油采收率和开发非常规及难采储资源提供创新的解决方案。该项目将高水准的工程培训与数学建模、数据分析等教学相结合，并通过研究和相关领域的实际项目使学生具备创新解决实际问题的能力。该项目学制为两年，入选的学生可以免除全部学费，除此之外还将获得每月4万卢布(约3440元人民币)和医疗保险。该项目采用纯英文教学方式，为非俄语母语国家和地区的学生拥有来到俄罗斯学习的机会。所有讲授型课程和实践型课程的老师都是来自世界顶尖学府，每一位学生都可以拥有自己独立完成的实践项目，还可以参与每年8周的夏季实践项目，与此同时学生还会在学习创新创业课程的过程中掌握相关知识和技巧，并在相关的商业领域中获得新的创意和在研究过程中有新的发现。学生需要完成36学分的必修和推荐选修课程、36学分的研究论文、24学分的选修课程和项目、12学分的创新创业课程和12学分的工业领域实践项目。最终完成120学分才能毕业获得MSc学位。

参考资料：

Skoltech[EB/OL].[2021-04-07]. https://www.skoltech.ru/en.

MIT Skoltech Initiative [EB/OL].[2021-04-07]. http://web.mit.edu/annualreports/pres13/2013.20.03.pdf.

The CDIO Syllabus v2.0 [EB/OL].[2021-04-07]. http://cdio.org/files/project/file/cdio_syllabus_v2.pdf.

Skoltech [EB/OL].[2021-04-07]. https://msc.skoltech.ru/petroleum-engineering.

与世界顶尖学府MIT合作创建的SkolTech机构，体现了教育全球化和国际化发展的大趋势。SkolTech的成立，为来自不同国家的优秀青年学者提供优质的学术研究环境和深造交流机会，对培养工程科技人才的创新能力有着重要的助推作用。沉浸式的学习工作环境、不同国家学生之间的跨文化的思想交流和碰撞，以及学生在创新工业领域的实践操作能力的培养，对于学生掌握新的知识和技能，创新解决现有阶段面临的各种实际问题、满足高等工程教育人才培养、服务国家发展战略具有重要的作用。

案例栏目：

> **英国引导工程教育发展促进科技创新**
>
> 英国在1993年就发布了名为《实现我们的潜能：科学、工程和技术战略》(Realising Our Potential：A Strategy for Science, Engineering and Technology, SET)的白皮书，自此翻开国家整体创新的新篇章，1997年英国工党政府将教育发展提升至最高优先级别，并将其作为英国国家经济发展的重要政策。随后至2018年，先后有多本白皮书和行动计划都是围绕着面向未来的高等教育创新人才培养和应对现实产业挑战等问题来发布的。例如2011年的《促进增长的创新与研究战略》(Innovation and Research Strategy for Growth)报告中将生命科学、高增加值制造业、纳米技术和数字技术等重要领域作为其未来四年创新发展的研究方向，同时将在创意产业、技术创新中心和新兴技术发展等方面予以重视；2014年的《我们的增长计划：科学与创新》(Our Plan for Growth：Science and Innovation)将科研创新设定为英国发展的长远目标。这些白皮书与报告的发布，预示着英国加大对高等工程教育和科技发展与创新的重视。
>
> 参考资料：
>
> 王泽宇. 英国：持续发力培养创新人才[EB/OL].[2021-04-07]. http://innovate.china.com.cn/2018-12/29/content_40629375.html.
>
> Cookies on GOV.UK [EB/OL].[2021-04-07]. https://www.gov.uk/government/publications/our-plan-for-growth-science-and-innovation.

在本报告调查的六个国家中，英国是早已经进入高等教育普及化的国家，但从其高等工程教育毕业生占比来看，其高于美国。尽管在21世纪，英国的制造业都开始萎缩，但是从英国政府一系列的政府白皮书和报告中可以看出，工业技术方面的创新与研究是英国政府一直格外重视的，保证技术的先进性和相关领域人才的培养以使其保持在相关领域的竞争力和话语权。

案例栏目：

> **奥巴马政府"全民STEM政策"(STEM for ALL)**
>
> 早在2010年时任美国总统就曾表示："明天的领导力取决于我们今天如何教育我们的学生——特别是在科学、技术、工程和数学方面。"2013年，

奥巴马总统在白宫科学展上的讲话中指出:"作为总统,我一直关注的事情之一是,我们如何创造一种全员参与的科学、技术、工程和数学方法……我们需要将此作为优先事项,以培训这些学科领域的新教师队伍,并确保我们作为一个国家的所有人都在提升这些学科,使其得到应有的尊重。"奥巴马认为每个美国学生都应该获得高质量的 STEM 教育,这对他们的未来和国家的未来都有好处。此后奥巴马政府开启了一系列的被称为"全民 STEM 政策"(STEM for ALL),用于提高 STEM 教育规模、教育质量和就业机会。

具体行动包括:
- 作为总统"教育创新"运动的一部分,政府获得超过 10 亿美元的私人投资,用于改善 STEM 教育。
- 在实现总统 2011 年制定的到 2021 年培养 10 万名新的数学和科学教师的目标方面完成了 50%,与奥巴马总统上任时相比,每年毕业的工程师人数增加了历史性的 25 000 人。
- STEM 教育被纳入教育部(ED)的优先事项,开展标志性的"力争上游"(Race to the Top)竞赛。
- 政府宣布 350 多项来自学院和大学领导层及其他方面的承诺,为代表性不足的学生提供获得 STEM 学位的途径。
- 奥巴马总统开创白宫科学展(White House Science Fair)等传统,以表彰利用科学、技术、工程和数学来改善社区和世界的年轻人。
- 在 14 个联邦机构中投资 30 亿美元用于专门的 STEM 教育项目。

参考资料:
SCIENCE, TECHNOLOGY, ENGINEERING AND MATH:EDUCATION FOR GLOBAL LEADERSHIP[EB/OL].[2021-04-07]. https://www.ed.gov/sites/default/files/stem-overview.pdf.

The White House. Remarks by the President at the 2013 White House Science Fair[EB/OL].[2021-04-07]. https://obamawhitehouse.archives.gov/the-press-office/2013/04/22/remarks-president-2013-white-house-science-fair.

五、国际流动学生的净流量

图 10 数据显示,从各国流动学生总量来看,六国的国际学生净流量都呈稳步上升趋势。在六国当中,流入美国的国际学生数最多,英国次之,英美两

国作为全球最主要的留学生目的国,其国际学生在2016年占全球流动学生总数近40%。日本、德国、俄罗斯的国际生数在2016—2018年有较大的增长。而中国是输出留学人员最多的国家,其输出的学生数与美国的输入学生数相当。据教育部公布2018年度我国出国留学人员情况统计:2018年度我国出国留学人员总数为66.21万人,与2017年度相比,增长8.83%。其中,国家公派3.02万人,单位公派3.56万人,自费留学59.63万人。中国作为全球最大的留学生输出国,其留学生的数量逐年增加。纵观中国留学生现状及未来发展趋势,在数据的背后,可以反映出全球教育交流的不断深化,随着国际政治形势的变化,国际教育的新趋势也在逐渐显露。2020年突如其来的疫情,某种程度上限定了国际学生流动,但QS的一个调查显示,96%的学生表示不会因为疫情而放弃留学,因疫情而中断的国际学生流动未来如何发展,亦是本报告需要关注的议题。

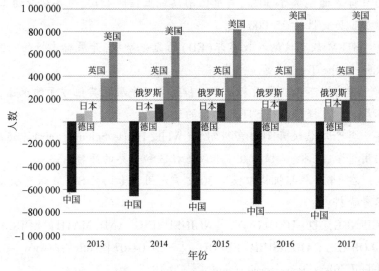

图 10　国际流动学生的净流量

(数据来源:UIS;制图:ICEE)

六、世界大学排行榜总体表现

尽管备受争议,世界大学排行榜当前仍是评价一个国家大学竞争力的重要参考。本研究选取国际上最具影响力的两大排行榜,泰晤士高等教育世界大学排行榜(THE)与上海交大世界大学学术排行榜(ARWU)上榜前500位及前100位高校数量来评估六国大学表现与竞争力(见图11~图18)。

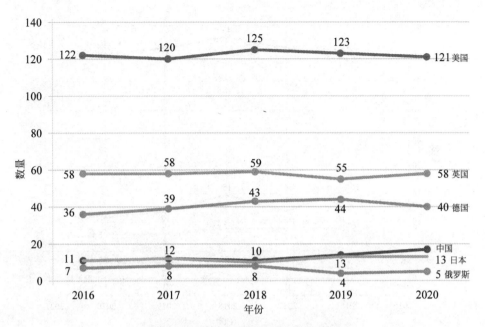

图 11　THE 世界大学排行榜 Top 500 数量

(数据来源：THE 世界大学排行榜；制图：ICEE)

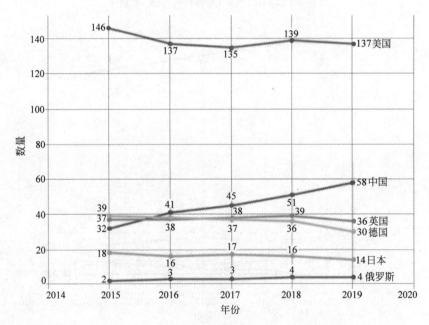

图 12　软科世界大学学术排名 Top 500 数量

(数据来源：软科世界大学学术排名；制图：ICEE)

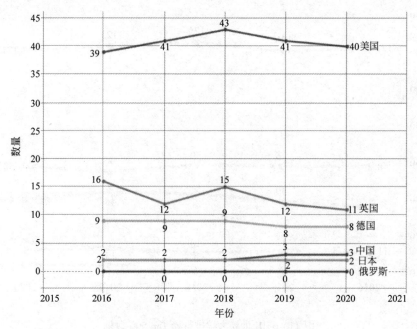

图 13　THE 世界大学排行榜 Top 100 数量

(数据来源：THE 世界大学排行榜；制图：ICEE)

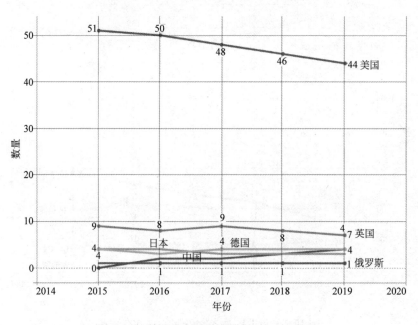

图 14　软科世界大学学术排名 Top 100 数量

(数据来源：ARWU 排名；制图：ICEE)

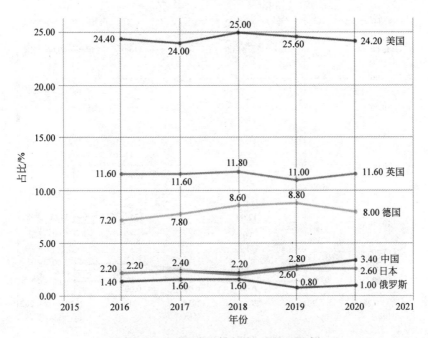

图 15　THE 世界大学排行榜 Top 500 比例

（数据来源：THE 世界大学排行榜；制图：ICEE）

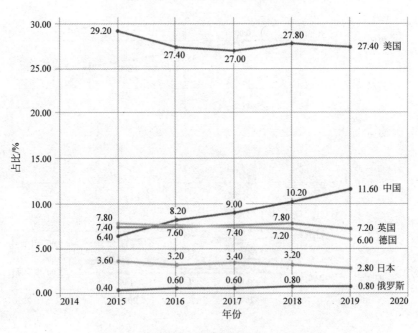

图 16　软科世界大学学术排名 Top 500 比例

（数据来源：ARWU 排名；制图：ICEE）

工程教育国际竞争力研究

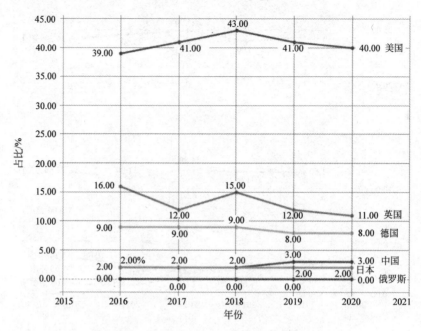

图 17　THE 世界大学排行榜 Top 100 比例

（数据来源：THE 世界大学排行榜；制图：ICEE）

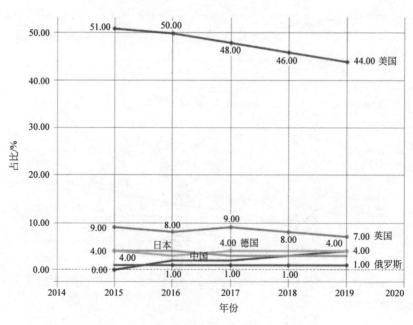

图 18　软科世界大学学术排名 Top 100 比例

（数据来源：ARWU 排名；制图：ICEE）

如图11~图18所示,从大学排行榜上榜数量来看,无论是THE世界大学排行榜还是ARWU排行榜前500大学数量还是前100大学数量,美国都具有绝对的优势。最新的数据显示,在前500所高校中美国分别有121所和133所,所占比例分别高达24.20%和26.60%,也就是说世界排名前500的高校中有1/4来自美国,美国高校竞争力可谓十分惊人。英国次之,尤其是在排名前100的高校数量中,美国与英国具有更为明显的优势。当下世界高等教育中心仍是以美国、英国为代表的英语国家。德国紧随其后,在排行榜上也具有较强的竞争力。

俄罗斯在高水平大学表现上极大落后于其余五国,在两大排行榜的前500名上榜高校数量逐年下降,2020年仅有5所高校入围THE排行榜前500名的高校,2019年ARWU排行榜仅1所高校上榜。尤其是从前100名高校数量上来看,俄罗斯表现也不理想,近5年没有一所高校进入THE排行榜前100名,而在上海交大学术排行榜前100名高校中,常年只有1所学校上榜,2020年提高到3所。整体而言,俄罗斯大学群体在这排行榜上的表现较一般。

趋势上来看,美国世界前500名和前100名大学数量逐年小幅度下滑,中国则呈现明显上升趋势。2016—2020年,泰晤士报排行榜前500名大学,中国大学由11所上升为17所。2015—2019年,软科排行榜前500的高校中,中国高校由32所增长为58所。从趋势上看,中国高校入榜数量逐年增加,但是与美英等国相比,总量上仍然有较大差距。当然,如前对大学排名局限性的讨论,这种差距仅具有参考意义,但是中国大学的群体崛起,并不像想象的那样乐观,仍然需要相当长的时间才能做到。

七、世界大学排行榜工程学科表现

如图19、图18所示,从高水平工程学科入榜数量上看,美国大学仍然具有极大的优势。2016—2020年美国入榜前100名的工科学科数量一直稳居第一,而且遥遥领先。以2020年为例,泰晤士报工科Top 100中有37所高校来自美国,远超排名第二的英国(9所)与排名第三的中国(8所)。可以侧面反映出美国工程学科的竞争优势之大。

英国工程学科数量排名第二,高峰时有11所高校上榜,2020年共9所高校上榜。中国排名第三,上榜高校数量呈缓慢上升趋势,2016年为6所,2020年为8所。德国排名第四,基本稳定在6所。日本排名第五,上榜高校数量为5所或4所。

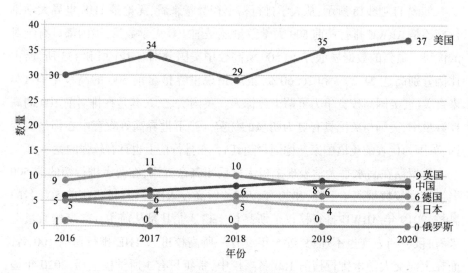

图 19　THE 世界大学排行榜工科 Top 100 数量

（数据来源：THE 世界大学排行榜；制图：ICEE）

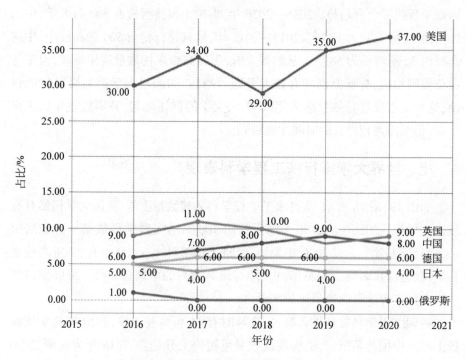

图 20　THE 世界大学排行榜工科 Top 100 比例

（数据来源：THE 世界大学排行榜；制图：ICEE）

2016—2020年，俄罗斯仅有一所高校(莫斯科大学)在2016年上榜过一次工程学科的Top 100高校，此后一直没有高校上榜。

案例栏目：

绿色工程教育

联合国教科文组织的《2030可持续发展议程》提出的17项可持续发展目标中，其中8项与绿色工程教育密切相关，美国国家工程院发布的《21世纪工程大挑战》(Grand Challenges for Engineering in the 21st Century)中提出了14项工程大挑战，其中5项与绿色工程直接相关，高等工程教育承担着培养未来工程科技人才的重任，工程教育本身如何通过变革更好地适应绿色工程可持续发展目标成为应有之义。大科学大工程时代下，工程科技对经济、社会、环境的影响愈加严重，面对复杂的环境问题、生态资源问题，甚至2020年突如其来的新冠疫情等现实问题，拓展工程科技人才素质内涵，培养具有绿色可持续发展理念的未来工程师和科学家成为人才培养模式创新的重点内容之一。

高校是绿色工程教育实践的主体①。清华大学自1998年以来，陆续开设了一些新课程，包括公共选修课"环境保护与可持续发展""生态文明建设十五讲"，环境学院开设的"环境伦理学""生态工业学"，以及不同院系开设的一些有关绿色工业的课程。学校还举办了一些课外的活动，包括各类绿色讲座，曾邀请美国的前副总统艾尔·戈尔分享全球气候变化的相关报告，邀请美国国际问题研究所的所长布朗分享拯救地球、延续文明的内容，以及希腊前首相的报告，这些讲座深受学生们的欢迎。同时，学生自己组织的绿色协会并开设了很多的宣传活动，组织了多场比赛，包括创新比赛、摄影比赛等。这些工作都是为了提高学生的可持续发展意识，丰富学生的绿色工业知识和提高学生的工程革新能力，现已经发挥了着重要的作用并需要加强和提高，从而潜移默化提高工程教育的国际竞争力。

---

① 辛忠, 何佳雯, 周玲. 可持续发展背景下绿色工程教育的理念与实践探索[J]. 化工高等教育, 2020 (2)：1-11.

参考资料：

1. United Nations. Transforming our World：The 2030 Agenda for Sustainable Development ［EB/OL］. https：//sdgs. un. org/sites/default/files/publications/21253030%20Agenda%20 for%20Sustainable%20Development%20web. pdf.

2. National Academy of Engineering. 14 Grand Chal lenges for Engineering in the 21st Century［EB/OL］. https：//www. engineeringchal lenges. org/chal lenges. aspx.

3. 钱易. 面向可持续发展的工程教育［J］. 中国大学教学，2016(03)：8-10.

八、相关指标的组合分析

下图 21 中，横坐标为工科排名前 100 名高校数量，纵坐标为教育投入占 GDP 百分比，图中实线为趋势线。从基本趋势来看，教育投入 GDP 占比越高，

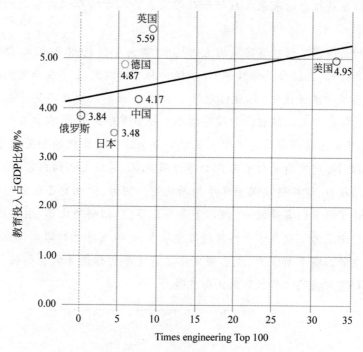

图 21　工科 Top 100 与教育投入占 GDP 比重组合分析
（数据来源：THE 世界大学排行榜；制图：ICEE）

高水平工科大学数量越多。明显可以看出美国属于特殊值,即高水平工科大学数量具有极大优势。

图22中,横坐标为高水平工科大学数量,纵坐标为高等工程教育在校生占比,实线为趋势线。从图上可以看出,中国的高等工程教育在校生占比遥遥领先,英国则占比极低。这同样反映了产业结构。

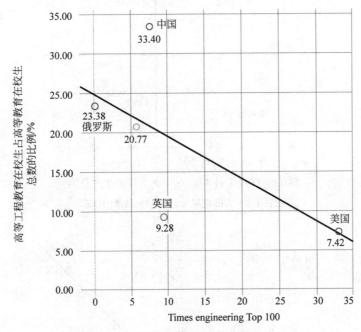

图22 THE 工科 Top 100 高校与高等教育在校生占比

(数据来源:THE 世界大学排行榜;制图:ICEE)

在图23中,横坐标为人均GDP,纵坐标为高水平工科大学数量,实线为两个指标的均值线。美国单独落在第一象限,即人均GDP与高水平工科院校均高;中国与俄罗斯在第三象限,即人均GDP较低,高水平工科院校较少。

图24所示,高水平工程学科表现与各国大学整体表现与竞争力有较强的正向相关。组合分析 THE 世界大学排名和 ARWU 世界大学排名的入榜高水平大学数量以及国际学生流动的状况。图25~图28分别通过分象限将六个国家分类,如高水平大学数量多,国际学生多;高水平大学数量多,国际学生少等。可以看到,中国入榜大学数量并不少,但是国际学生净流入为负值,表明中国高水平大学在吸引国际学生方面还有很大的提升空间。

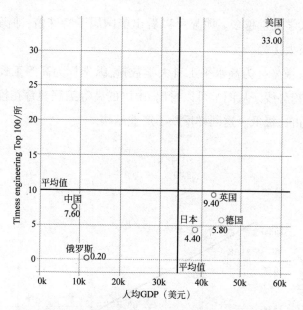

图 23　THE 工科 Top 100 * 人均国民生产总值
（数据来源：THE 世界大学排行榜；制图：ICEE）

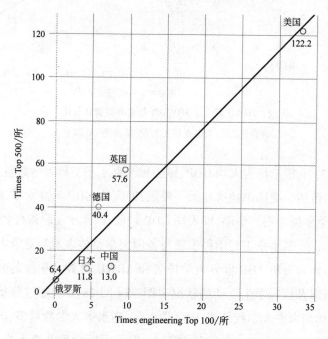

图 24　THE 工科 Top 100 * THE 世界大学排行 Top 500 数量
（数据来源：THE 世界大学排行榜；制图：ICEE）

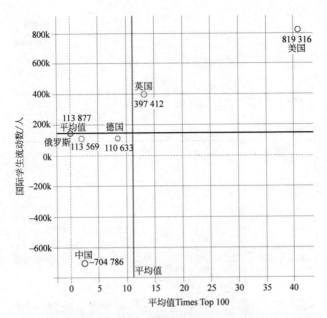

图 25　THE Top 100 数量 * 国际学生流动

（数据来源：UIS、THE 世界大学排行榜；制图：ICEE）

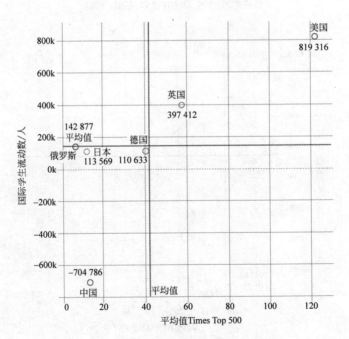

图 26　THE Top 500 数量 * 国际学生流动

（数据来源：UIS、THE 世界大学排行榜；制图：ICEE）

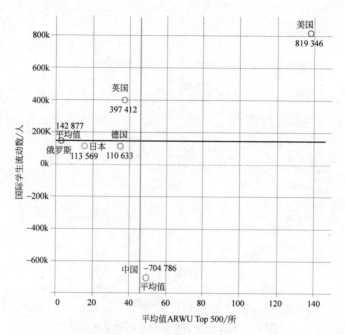

图 27　ARWU Top 500 数量 * 国际学生流动

（数据来源：UIS、ARWU 排名；制图：ICEE）

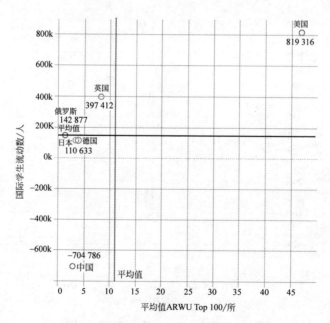

图 28　ARWU Top 100 数量 * 国际学生流动

（数据来源：UIS、ARWU 排名；制图：ICEE）

九、小结

如图 29 所示,从维度一来看,中国高等教育的规模最大,包括高等教育在校生总规模和高等工程教育在校生总规模,这两项指标在六国中都高居第一。中国在高水平大学的相关指标表现排名第四,排在美国、英国、德国之后,优于日本与俄罗斯。在高水平工科大学上,中国仅次于美国与英国,排名第三。中国最大的劣势在于高等教育毛入学率,在六国之中排名最靠后。中国的劣势之一在于国际学生流动,在六国之中,中国是唯一一个学生净流出的国家,以 2017 年的数据来看,中国全年净流出学生 77 万余名。

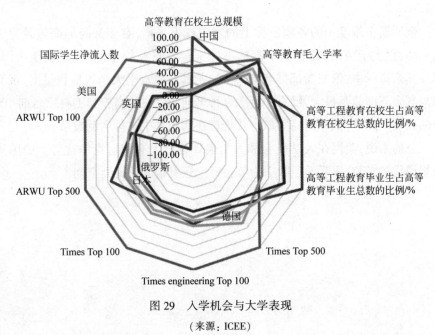

图 29 入学机会与大学表现

(来源:ICEE)

美国在高水平大学数量、高水平工科专业大学数量和高等教育毛入学率上排名第一,尤其在高水平大学数量这一指标上遥遥领先。美国高等工程教育在校生占比在六国中排名最为靠后,这也说明美国产业结构的优化。美国净流入学生数最高,2017 年学生净流入 89 万余名,在六国之中排名第一。

英国最大的优势是高水平大学数量,泰晤士报排名前 500 位与前 100 位高校数量、工科前 100 位高校数量在六国之中仅次于美国,排名第二。英国的相对劣势是高等教育在校生规模与高等教育毛入学率。英国高等工程教育教育在校生规模在六国之中排名倒数第二,仅略高于美国。英国高等教育毛入学率排名也较为靠后,只高于中国。此外,英国净流入国际学生数指标排名第二,仅次于美国。

日本的主要优势是高等教育毛入学率,在六国中排名第三,低于美国与俄罗斯,同时与俄罗斯的差距较小。此外,在其余指标中,日本的表现都较为一般。高水平大学数量排名第五,仅优于俄罗斯。

德国在各个具体指标上的表现中规中矩。在高水平大学入榜数量上,排名第三,次于美国、英国。但在工科入榜数量上,德国排名第四,优于俄罗斯。在高等工程教育在校生规模上也排名第三,次于中国、俄罗斯,但与俄罗斯差距较小。

俄罗斯在维度一的各项指标上的表现较不平衡,有非常高的高等教育毛入学率,仅次于美国,也有非常高的高等工程教育在校生规模,仅次于中国。但在其余指标中,俄罗斯都排名都第六。尤其在高水平大学入榜数量上,俄罗斯与其余五国差距极大,没有一所综合排名前100位的高校和工科排名前100位的高校。此外,俄罗斯高等教育总规模在六国之中也排名倒数第一。

总的来说,美国在入学机会和大学表现维度上有相对竞争优势。中国具有规模优势,但在国际学生吸引力等指标上还有很大的提升空间。

第四章　教育资源可获得性的国别比较

一、国家 GDP 总量与世界排名

国内生产总值(gross domestic product,GDP),在描述地区性生产时称本地生产总值或地区生产总值,是一定时期内(一个季度或一年)一个区域的经济活动中所生产的全部最终成果(产品和劳务)的市场价值(Market Value)总和。不同国家之间国内生产总值比较需要转换货币,转换方式主要包括两种:使用各国货币的国际汇率转化和根据各国货币与某选定货币为标准的购买力平价(PPP)。本研究采取较为广泛使用的国际汇率换算方式。

如图30,图31所示,从GDP总量来看,美国保持了绝对优势,一直占据国家GDP总量世界第一的位置,2019年美国GDP总量约为21.4万亿美元。自2010年超过日本,中国GDP达到世界第二,此后便一直保持世界第二的位置。2019年中国GDP总量约为13.4万亿美元,为美国总量的66.47%。其余四国则远远落后于中美两国。中美之后是日本与德国,近5年日本、德国一直保持世界第三、第四的名次。英国在德国之后,2015—2018年排名世界第五,2019年起被印度超越,排名第六。俄罗斯在六国中GDP排名最后,2015—2018为世界第12位,2019年超越韩国排名第11位。

二、教育投入占 GDP 比例

教育投入占GDP的比重表明一个国家对教育的重视程度。一般认为教育资金来源主要有政府投入和社会投入两大部分。政府投入包括财政拨款、

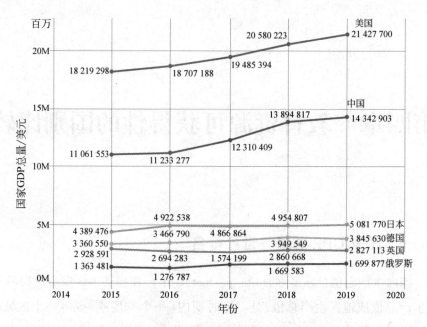

图 30 国家 GDP 总量

(数据来源：世界银行；制图：ICEE)

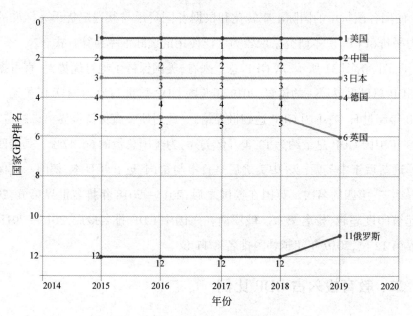

图 31 国家 GDP 总量排名

(数据来源：世界银行；制图：ICEE)

教育的税收减免、专项补助、学生资助等。社会投入包括学杂费投入和高校自筹资金,高校自筹资金又包括科技创收、社会捐赠及其他创收收入。本研究选取的数据是政府财政投入部分。

从图32可知,整体而言,英国教育投入占GDP比重最高,2013—2016年4年平均值为5.59%,大幅高于其余五国。美国次之,2013、2014两年平均投入占比为4.95%。德国排名第三,2013—2016年4年平均值为4.87%。中国排名第四,2013—2019年平均值为4.18%。1993年《中国教育改革和发展纲要》提出国家教育财政性经费投入占GDP4%的目标,到2012年,中国首次实现了国家教育财政性经费投入占GDP4%的目标。俄罗斯排名第五,2013—2016年平均值为3.84%。日本排名第六,2013、2014、2016三年投入平均值为3.48%。

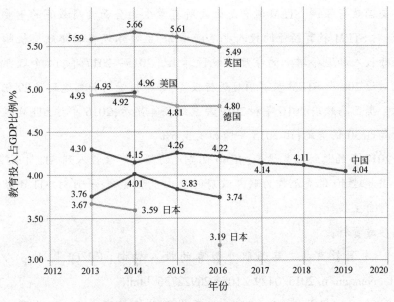

图32 教育投入占GDP比重

(数据来源:UIS、中国教育经费统计年鉴;制图:ICEE)

从趋势来看,除美国数据缺失以外,其余五国教育投入占GDP的比重基本都呈现不同程度的下降趋势。如中国2013年教育投入占GDP的比重为4.30%,2019年下降到了4.04%。德国2013年为4.93%,2016年下降为4.80%。

案例栏目：

> 英国加大职业教育投入
>
> 根据英国2015—2016财年预算报告,在此期间,英国教育支出约为990亿英镑,占财政支出总额的13.3%。英国政府在职业教育方面给予了大量经费投入和政策支持,使得学徒制度以全新的面貌强势回归,再次成为英国教育改革的宠儿。从培训经费来看,英国对学徒制的投入呈现逐年增长的态势,从2009—2010学年的10.72亿英镑增加到2013—2014学年的15.66亿英镑。资金和政策的投入使得学徒制的参与率和完成率大幅上升。
>
> 美国加大STEM教育的投入
>
> 美国政府强调,STEM教育是面向所有学生的全面素质教育的重要组成部分,对STEM教育经费的投入也不断增加,主要体现在联邦政府机构的高额经费投入和逐年增加的年度总统预算上。2015—2017年,14个联邦政府机构对近200个STEM教育项目进行投资,每年投资总额都达到了29亿美元以上。奥巴马政府2016年和2017年总统预算显示,2016年对STEM教育的投资超过30亿美元,比2015年增加了3.6%。
>
> 2017年的总统预算显示,有40亿美元的额定资金投入到STEM教育中,并提供超过30亿美元作为联邦政府的自由支配资金,并可对STEM教育项目进行自主投资。
>
> 参考资料：
>
> 1. 中国教育报. 英国职业教育的投入转向[EB/OL]. http://edu.people.com.cn/n/2015/0429/c1053-26922735.html.
>
> 2. 金慧. 胡盈滢. 以STEM教育创新引领教育未来——美国《STEM 2026：STEM教育创新愿景》报告的解读与启示[J]. 远程教育杂志,2017,35(01)：17-25.

三、高等教育教师数

大专以上教师数量是衡量一个国家高等教育师资力量的重要指标。如

图 33 所示,整体而言,中美两国高等教育教师规模在六国之中位居前列,中国高等教育教师数量从 2015 年起超越美国成为世界第一,此后一直保持第一。俄罗斯(只有一年数据)、日本、德国、英国高校教师数量分别排名第三、第四、第五、第六,从教师数量规模上来看其他四国远低于中美两国。从教师数量发展趋势来看,日本、德国、英国基本保持稳定上涨趋势。

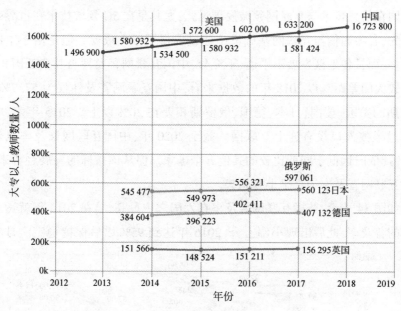

图 33 大专以上教师数量

(数据来源:UIS;制图:ICEE)

案例栏目:

> 美国 680 所大学生师比呈正态分布的态势,生师比 18∶1 是峰值。峰值处的大学有 70 所,其中进入世界前 1000 名的大学有 14 所,约占 20%;峰值左边小于 18∶1 的大学有 371 所,其中进入世界前 1000 名的大学有 72 所,约占 19%;峰值右边大于 18∶1 的大学有 239 所,进入世界前 1000 名的大学有 29 所,约占 12%。
>
> *参考资料:*
>
> 傅维利,贾金平. 美国世界一流大学师生比的特征[J]. 比较教育研究,2019,41(01):24-31.

四、互联网普及性

随着技术的进步,互联网对教育的支持作用越来越重要。互联网普及率的提升,也让"互联网"应用不断拓展,有助于弥合"数字鸿沟"。本研究选取互联网普及性作为教育资源可获得性的一个重要指标。整体而言,尽管近年来中国在信息技术与互联网领域发展迅猛,尤其是在 5G 领域技术在世界范围内领先,各项通信与互联网基础设施建设取得了巨大成就。但是由于中国人口众多,而且各地区发展不平衡、不充分,中国互联网普及性与其余五国相比,仍有较大的差距。以 2018 年的数据来看,中国互联网普及性仅为 57.7%,与同时期的美国、英国、日本、德国、俄罗斯相差在 20% 以上。2015 年前,中国有超过半数人口没有连上互联网。截至 2020 年,中国互联网普及率也仅为 64.5%,依旧远低于同期比较的其他五个国家。但从该指标的发展趋势来看,中国互联网普及率一直呈上升趋势。

如图 34 所示,英国互联网普及率在六国之中最高,早在 2014 年就达到了 92% 的普及率,此后出现小幅上升,2016 年达到 95% 以后保持稳定。日本次

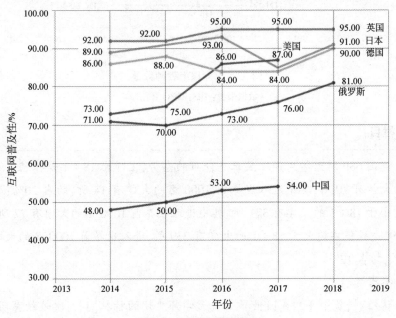

图 34　互联网普及性

(数据来源:世界银行;制图:ICEE)

之,2018 年互联网普及率为 91%。德国排名第三,2018 年普及率达到了 90%。美国紧随其后,尤其是美国互联网普及率提高速度极快,2014 年仅为 73%,到 2017 年已经达到 87%,3 年增长幅度高达 19.18%。俄罗斯则落后于美国,但其同样具有普及速度快的特点,2018 年俄罗斯互联网普及率已经达到 81%。

案例栏目：

互联网普及率

联合国教科文组织《互联网普遍性指标》包括 6 大类别、25 个主题、124 个问题,共计 303 项指标(其中 109 项为核心指标),旨在评估某一国家的互联网发展状况。"互联网普遍性"的四项主要原则可总结为 ROAM 原则,这些原则是互联网发展的根本原则,有利于在不让任何人落后的情况下实现可持续发展目标。这些原则是：权利(R)——互联网立足于人权、开放(O)——具有开放性、可及(A)——应人人可及、多方(M)——得益于多方参与。除 ROAM 四类外,还开发了关于性别、儿童和青少年需求、可持续发展、信任及安全、互联网法律和伦理方面的 79 项交叉性指标(X 指标体系)。

根据《中国互联网络发展状况统计报告》,截至 2020 年 3 月,我国网民规模为 9.04 亿,互联网普及率达 64.5%。网民使用手机上网的比例达 99.3%,较 2018 年底提升 0.7 个百分点;使用电视上网的比例为 32.0%;使用台式电脑上网、笔记本电脑上网、平板电脑上网的比例分别为 42.7%、35.1% 和 29.0%。手机网民规模达 8.97 亿,较 2018 年底增长 7992 万。从地区来看,城镇网民规模为 6.49 亿,互联网普及率为 76.5%,较 2018 年底提升 1.9 个百分点;农村网民规模为 2.55 亿,互联网普及率为 46.2%,较 2018 年底提升 7.8 个百分点。城乡之间的互联网普及率差距为 30.3%,比去年缩小 5.9 个百分点。

参考资料：

1. 联合国教育科文组织. 联合国教科文组织互联网普遍性指标：互联网发展评估框架[R/OL]. https://unesdoc.unesco.org/ark:/48223/pf0000370691.

2. 中国网信网. CNNIC 发布第 45 次《中国互联网发展状况统计报告》[EB/OL]. https://www.cac.gov.cn/2020-04/28/c_1589619527364495.htm.

五、小结

如图 35 所示,从维度二来看,中国的主要优势在于高等教育教师数量与国家 GDP 总量,这两项指标排名分别是第一和第二。中国的主要劣势表现在人均 GDP、互联网普及性这两项指标,中国都排在 6 个国家中的最后一位。

美国在国家 GDP 总量、人均 GDP 上排名第一。在高等教育教师数量上排名第二。此外,在互联网普及率,教育投入占 GDP 比重上,美国同样处于优势地位。

英国的优势主要是超高的互联网普及率,以及极高的教育投入,这两项指标,英国都在六国之中排名第一。同时,英国人均 GDP 仅次于美国与德国。英国的主要劣势在于高等教育教师数量,在这项指标上排名最为靠后。

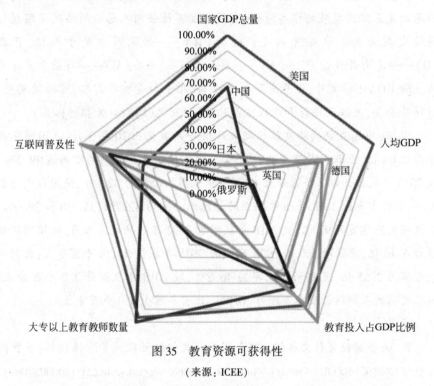

图 35　教育资源可获得性

(来源:ICEE)

日本总体表现居中,最好的表现是国家 GDP 总量与互联网普及性,两项指标均排名第三。人均 GDP 和高等教育教师数量排名第四。表现最差的是教育投入占 GDP 比重,在六国之中排名倒数第一。

德国在人均 GDP 和教育投入上表现较好,都排名第二,分别仅次于美国和英国。国家 GDP 总量、高等教育教师数量和互联网普及性都排名第四。但互联网普及与排名第三的日本差距很小。

俄罗斯总体表现一般,国家 GDP 总量排名在六国中处于最后一位,人均 GDP 排名在六国中倒数第二,教育投入占 GDP 比重排名在六国中倒数第二,互联网普及性排名在六国中倒数第二,仅高等教育教师数量一项在六国中排名第三。

总的来看,美国在教育资源可获得性的以上指标上具有很大优势。

第五章　工程科技人才可雇佣性的国别比较

一、就业人口规模

就业人口是指一定年龄范围内、具备劳动能力、从事一定社会劳动并取得劳动报酬或经营收入的人口。就业人口规模反映了一定时期内全部劳动力资源的实际利用情况。图 36 展示了 2010—2019 年主要国家的就业人口规模统计情况,从图中可以发现,这六个国家就业人口规模整体呈现平缓上升的趋势,主要是基于现有的就业岗位和国内人口基数的现状而致。通常来说,现有

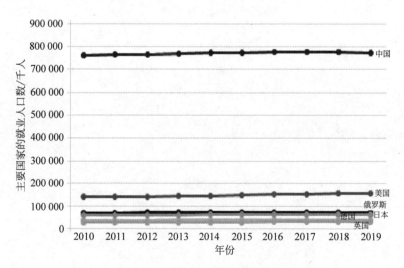

图 36　2010—2019 年主要国家的就业人口数(千人)

(数据来源:世界劳工组织 ILO;制图:ICEE)

的就业岗位越多、国内人口基数越大,国家就业人口规模越大。在本报告调查的六个国家中,中国的就业人口基数最大,逐渐接近 8 亿,超过其他六个国家就业人口之和的两倍;其次是美国,就业人口在 1 亿~2 亿,最后是俄罗斯、日本、德国、英国,就业人口都在 1 亿以内。就业是最大的民生,国家和地方应围绕稳定和扩大就业工作目标,坚持实施就业优先战略和积极就业政策,加强就业失业形势监测预警,持续优化创新创业环境。

二、工业就业人口占比

由于单个数据库的数据不全,报告中的中国数据采用第二产业就业人口占比(数据来源:NBS),第二产业指采矿业、制造业、电力、煤气及水的生产和供应业、建筑业;其余国家的数据均是制造业就业人口占比(数据来源:ILO),制造业属于工业的重要部分,制造业就业人口并不等于工业就业人口(相对少一些)。为了方便分析和比较,采用制造业就业人口占比近似替代工业就业人口占比。图 37 展示了 2010—2019 年主要国家的工业就业人口占比。从图中可以发现,中国的工业就业人口占比最高,其比例在 25%~30%,大幅度高于其他国家,继而是德国、日本、俄罗斯、美国,其比例均高于 10%,但是不超过 20%,英国的工业就业人口占比最低,为 10% 左右。从每个国家的工业就业人口比例趋势来看,六个国家的工业就业人口占比均呈现下降趋势,尤其是中国下降趋势最为明显,从 2012 年起呈下降趋势,到 2019 年下降 2.9 个百分点,其余国家较为平缓。

案例栏目:

> 哈佛大学一项关于美国制造业的研究表明,1950 年美国制造业占其 GDP 的比例为 27%,为美国总就业做出了 31% 的贡献。到 2010 年,这两个比例已分别下降至 12% 和 9%。2010 年,美国政府正式启动"再工业化",2010 年 8 月 11 日生效《美国制造业振兴法案》,该法案旨在帮助美国制造业降低生产成本,增强国际竞争力,提振实体制造业,创造更多就业岗位。"再工业化"瞄准新一轮产业结构升级所带来的机遇,在新能源、信息、生物、航天、新材料、3D 打印等高端制造业、新兴产业领域进行前沿技术创新的扶持,进行"互联网+工业"的新科技革命,其重点是大数据与云计算。

> 参考资料:
> 1. 美国:超级大国的"再工业化"之路。
> 2. 京畿论. 美国的再工业化之路,仅仅是为了保生产,促就业这么简单吗? [EB/OL]. https://user.guancha.cn/main/content?id=14374.

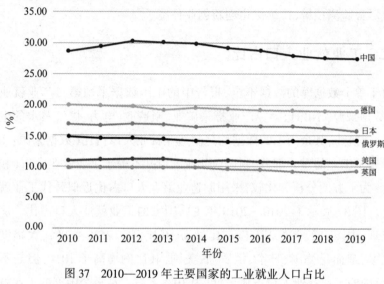

图37　2010—2019年主要国家的工业就业人口占比
(数据来源:世界劳工组织ILO、中国国家统计局;制图:ICEE)

三、研发人员总规模

研发人员是指统计单位直接从事研发的所有人员,无论是由统计单位聘用的人员还是完全融入统计单位的研发活动的外部贡献者,以及为研发活动提供直接服务的人员(如研发经理、管理人员、技术人员和文书人员),按其研发职能分为研究人员、技术人员和为研发活动提供直接服务的其他辅助人员。图38展示了2013—2018年部分国家研发人员总规模(缺少美国的数据)。在统计的六个国家中,中国排名居于首位,其研发人员规模超过350万,继而是日本、俄罗斯、德国、英国,研发人员规模在40万～90万。中国研发人员总数远远超过其他国家,且研发人员总规模逐年扩大,2018年接近英国研发人员总数的10倍。

另一方面来看,中国的研发人员数量与高等教育在校生数量有很大落差,二者之比为1∶11;而俄罗斯的研发人员规模超过了高等教育在校生规模,继

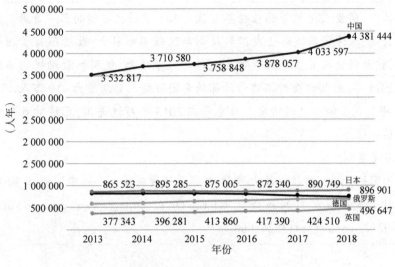

图 38　2013—2018 年主要国家的研发人员数

（数据来源：UIS；制图：ICEE）

而德国、日本、英国的研发人员规模继后。其中，德国、俄罗斯、日本、英国与中国研发人员规模与高等教育在校生规模的比例分别是 2∶9、3∶2、1∶4、1∶6。这反映了各国高等教育毕业生供给与研发人员存量的结构差距。

中国高等教育毕业生与研发人员总量之比在各国中最低。这一问题很复杂。至少表明，中国教育和科技、产业之间的对接还有待加强。如果要缩小这个比例差距，需要使高等教育规模的增长率高于研发人员规模的增长率。这倒不是本质问题，关键是要让更多研发人员拥有高等教育经历，或者强化继续教育，提高研发人员的研发能力。

案例栏目：

中国研发人员总量位居世界首位

进入新世纪以后，新一轮科技革命和产业变革风起云涌，我国科技发展再次面临重大机遇。尤其是党的十八大以来，在以习近平同志为核心的党中央坚强领导下，创新作为引领发展的第一动力，被摆在国家发展全局的核心位置。我国科技发展再次提速，取得了举世瞩目的显著成绩，实现了从过去的追踪跟跑逐步向并跑、领跑的历史性转变，踏上了从科技大国迈向世界科技强国的新征程。

其中,研发人员总量稳居世界首位。人才是科技创新的第一资源。坚持科教兴国、人才强国战略使我国科技创新队伍不断壮大;改进项目管理评价机制、扩大科研人员自主权等政策使科研人才培养、使用和激励机制不断完善。2018年,按折合全时工作量计算的全国研发人员总量为419万人/年,是1991年的6.2倍。我国研发人员总量在2013年超过美国,已连续6年稳居世界第一位。

参考资料:

国家统计局. 科技发展大跨越 创新引领谱新篇——新中国成立70周年经济社会发展成就系列报告之七[EB/OL]. https://www.gov.cn/xinwen/2019-07/23-content_5413524.htm.

四、每百万人口研发人员数

每百万人口研发人员数是指在统计期间,所有直接从事研发的人员,无论是由统计单位还是完全融入统计单位的研发活动的外部人员雇用,以及为研发活动提供直接服务的人员(如研发经理、行政人员、技术人员和文书人员)与给定年份以百万人口总数的比例表示。图39展示了2013—2018年部分国家

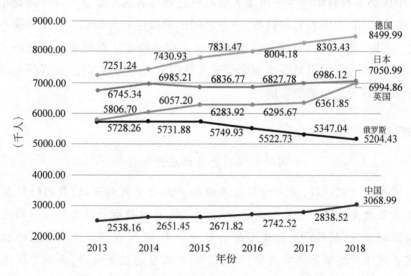

图39　2013—2018年主要国家每百万人口研发人员数

(数据来源:UIS;制图:ICEE)

每百万人口研发人员数。在本报告统计的六个国家中,德国每百万人口中研发人员总数超过 7000,排名首位;而中国每百万人口中研发人员总数约为 3000,排在六国中的最后一位。日本、英国、俄罗斯研发人员总数在 5000~7000。除俄罗斯外,中美英德日均呈现上升趋势,德国每百万人口研发人员数扩张速度最快,其次是英国、中国和日本。中国研发人员总数位居世界首位,但是百万人口研发人员总数却非常靠后,除受到人口基数的影响外,这也说明了至少在研发人员培养密度上,我国还有很大的提升空间。实施创新型国家战略,建设科技强国的人力资源储备依然面临严峻的挑战。

五、科技人员可获得性

科技人员可获得性用世界经济论坛《全球竞争力报告》中的指标"易于找到熟练的员工"(Ease of finding skilled employees)来表示。该指标的调查问题是"在你的国家,公司能在多大程度上找到具备所需技能的人才来填补职位空缺",统计方法采用 1~7 来打分,1 表示"一点也不能",7 表示"在很大程度上能"。下表 5 展示了 2018—2019 年主要国家科技人员可获得性的打分及排名。从表中可以看出,美国 2018 年分数为 79.2,2019 年分数为 72.1,连续两年在统计国家中排名第一,英国、德国排名前 20 位,中国在排名前 50 位,俄罗斯和日本在 50 位左右。相较于 2018 年,2019 年美国、英国、德国、日本的分数

表 5　2018—2019 年主要国家科技人员可获得性打分及排名

年份 国家	2018 年			2019 年		
	分值/ 0~7	分数/ 满分 100	排名/ 141	分值/ 0~7	分数/ 满分 100	排名/ 141
中国	4.6	59.7 =	44	4.6	59.7 =	41
美国	5.8	79.2 ↑	1	5.3	72.1 ↓	1
英国	5.2	69.2 ↑	8	5.1	67.5 ↓	12
德国	5.2	70.1 ↓	7	4.9	65.1 ↓	20
俄罗斯	4.4	56.4 ↑	53	4.5	58.7 ↑	47
日本	4.6	60 ↑	43	4.4	56.7 ↓	54

注:箭头表示与上一年相比分数变化的方向。

(数据来源:世界经济论坛《全球竞争力报告》;制表:ICEE)

均下降,俄罗斯分数增加,中国保持不变。中国相比发达国家,获得熟练员工的难度较大,这反映出当前中国依然存在着一定程度的人才结构失衡问题。实施人才强国战略,实现由人口大国向人才强国转变,是形势发展的必然要求。因此,要进一步完善国家科技、教育、培训体制,加快培养满足企业需要的科技人员,另外要不断激发科研人员积极性、增强科研人员获得感。

案例栏目：

科技人才流入是美国保持竞争力的关键

基础科学领域,以化学、医学与物理学为例,1901—1959 年,美国共有 25 人获得上述 3 个领域诺贝尔奖,而在 1961—2016 年,美国共有 79 人获得诺贝尔化学、医学与物理学奖。诺贝尔奖人数增多的重要原因是美国于 1965 年颁布的新移民法,取消了移民配额的要求。

产业领域,20 世纪 80—90 年代印度裔及华裔的技术移民大约占据了美国科技公司的工程师及创业者大军的 1/3。

科技创新企业领域,外来高技术人才的贡献也十分明显。美国风投公司凯盛华盈(KPCB)发布的年度《互联网趋势 2018》(Internet Trends 2018)显示,2016 年美国 60% 的最具价值科技公司由外来移民及其子女创立,总市值达 3.8 万亿美元,雇用员工达到 150 万人,其中苹果、字母表、亚马逊、脸谱网与甲骨文位列移民创立高技术公司市值前 5 位。

参考资料：

1. 石磊,罗晖. 美国科技人才流动态势分析[J]. 全球科技经济瞭望,2018,33(05)：40-52.

2. Anderson Stuart. Immigrants flooding America with Nobel Prizes[EB/OL]. [2018-04-25]. https://www.forbes.com/sites/stuartanderson/2016/10/16/immigrants-floodingamerica-with-nobel-prizes/#788849c46cb6.

3. Saxenian E Annalee. Silicon Valley's New Immigrant Entrepreneurs[M]. San Francisco：Public Policy Institute of California, 1999：12.

六、小结

如图 40 所示,从维度三来看,从绝对数量上来看,中国在就业人口规模、制造业就业人口比例、研发人员数上具有相当的体量优势。这三项指标在六国之中都排名第一(排除美国数据缺失的因素)。例如,2019 年中国就业人口规模在六国之中排名第一,制造业就业人口比例最高,高达 27.5%,但中国在科技人员可获得性与百万居民研发人员数上有明显的短板,分别在六国排名倒数第二和倒数第一。

美国最大的优势在于科技人员可获得性上,本项指标排名第一。另外,美国还具有较大的就业人口规模优势,在六国之中仅次于中国,排名第二。美国的主要劣势在于制造业就业人口偏低,在六国之中排名倒数第一,仅略高于英国。

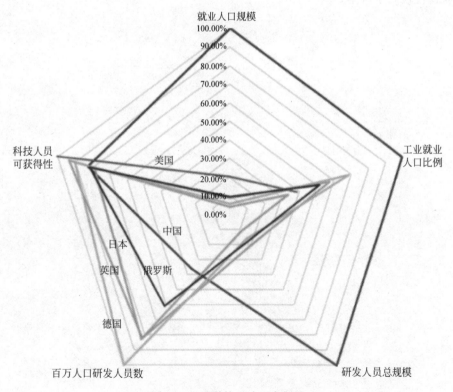

图 40 工程科技人才可雇佣性

(来源:ICEE)

英国的最大优势是科技人员可获得性与百万居民研发人员数,这两项指标均排名第二,分别仅次于美国和德国。此外,在另外三项指标,即就业人口规模、制造业就业人口比例、研发人员数上,英国都劣势明显,这三项指标均在六国中排名倒数第一。

日本的主要优势在于研发人员数与百万居民研发人员数,两项指标均排名第二,分别仅次于中国和德国。制造业就业人口比例排名第三,就业人口规模排名第四,科技人员可获得性排名倒数第一。

德国的优势在于百万居民研发人员数和科技人员可获得性,这两项指标分别排名第一和第二。此外,德国制造业就业人口比例排名第二,仅次于中国。就业人口规模与研发人员数均排名第四。

俄罗斯相对优势在于就业人口规模,在六国中排第三,研发人员数排名第三(排除美国)。相对劣势为:百万居民研发人员数仅高于中国,科技人员可获得性仅高于日本。

第六章 科技创新能力的国别比较

一、基础研发投入

基础研究是指为获得关于现象和可观察事实的基本原理的新知识(揭示客观事物的本质、运动规律,获得新发现、新学说)而进行的实验性或理论性研究,它不以任何专门或特定的应用或使用为目的。其成果以科学论文和科学著作为主要形式,以用来反映知识的原始创新能力。加强基础研究是提高我国原始性创新能力、积累智力资本的重要途径,是跻身世界科技强国的必要条件,是建设创新型国家的根本动力和力量源泉。《国家中长期科学和技术发展规划纲要(2006—2020)》(以下简称《规划纲要》)对今后十五年科技工作做出了总体部署,确定了"自主创新,重点跨越,支撑发展,引领未来"的指导方针,提出了建设创新型国家的总体目标。未来我国基础研究发展的总体目标是:完善学科布局,培育和支持新兴交叉学科,促进学科全面协调发展;在若干科学前沿领域实现重点突破,显著提升我国的原始性创新能力,为建设创新型国家奠定坚实基础。

长期以来,各国都十分重视基础研究领域的研发投入。图41展示了2013—2018年主要国家的基础研发投入统计情况(缺少德国的统计数据)。在统计国家中,美国的基础研发投入高居首位,高达8000亿美元,远远超过其他几个国家的基础研发投入。继而是中国和日本,大约在2000亿美元。英国和俄罗斯的基础研发投入相对落后。从趋势上来看,中国在基础研发的投入呈上升趋势,于2016年超过日本,2013年至2018年研发投入由1570亿美元增加到3071亿美元,增幅高达196%;日本的基础研发投入趋势相对平缓。

2019年美国的基础研发投入为中国的3倍多,未来中国应不断加大基础研发的投入水平,加快成果转化的速度,以此支撑核心基础理论与关键技术领域的突破,从而全面提升基础研发的水平。

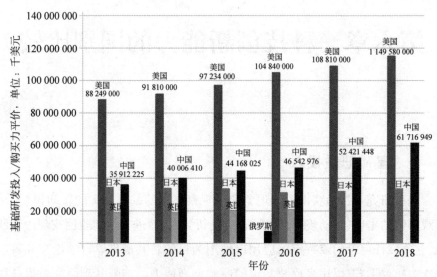

图41 2013—2018年主要国家的基础研发投入(购买力平价,单位:千美元)

(数据来源:UIS;制图:ICEE)

案例栏目:

日本为何会出现诺贝尔奖"井喷"现象?

进入21世纪,日本自然科学系的诺贝尔奖得主数量位列世界第二,体现了日本科技力量在全世界的巨大实力。日本的基础研究在整个研发投入中的占比一直维持在13%以上。相比之下,我国基础研究在研发投入中的比重一直徘徊在5%上下,中日两国之间一直存在较大差距。即便是在这种形势下,在《科学技术创新综合战略2017》中,日本政府仍然强调不断加大研发投入强度,将基础研究定位为"创新源泉",呼吁官民共同加快对基础研究的投资。

日本政府长期重视研发投入,强调基础研究的重要性,2010年之后更是将强化基础研究作为科技领域的长期发展战略等政策导向。与此同时,日本政府、科研院所、民间企业在基础研究领域也各取所长、密切配合、系统推进。比如,在《第五期科学技术基本计划》中,日本提出要将基于研究人员内在动力的纯学术研究,创新产生跨学科、多领域融合的新的学术研究领域,在更广泛领域内提升创新产出的可能性。从挑战性、综合性、融合性以及国际性的角度,推进学术研究,使学术研究能够承担社会需求。同时,对于仅仅依靠企业无法完全实现的未知领域,以及需要不同领域协作、不同学科融合进一步推进的基础研究领域,由政府层面制定政策战略,进行满足国家整体发展需求的战略性基础研究。而此次《综合战略2017》中,又从强调民间企业积极投入符合产业发展需求的基础研究的角度,促进基础研究发展。

参考资料:

総合科学技術. イノベーツヨン會議:科学技術イノベーツヨン総合戦略2017. http://www8.cao.go.jp/cstp/siryo/haihui029/siryo2-2.pdf.

二、应用研发投入

应用研究是指为获得新知识而进行的创造性研究,主要针对某一特定的目的或目标,其是为了确定基础研究成果可能的用途,或是为达到预定的目标探索应采取的新方法(原理性)或新途径。其成果形式以科学论文、专著、原理性模型或发明专利为主。用来反映对基础研究成果应用途径的探索。应用研究主要呈现以下三个特点:一是具有特定的实际目的或应用目标,具体表现为:为了确定基础研究成果可能的用途,或是为达到预定的目标探索应采取的新方法(原理性)或新途径。二是在围绕特定目的或目标进行研究的过程中获取新的知识,为解决实际问题提供科学依据。三是研究结果一般只影响科学技术的有限范围,并具有专门的性质,针对具体的领域、问题或情况,其成果形式以科学论文、专著、原理性模型或发明专利为主。

图42展示了2013—2018年主要国家的应用研发投入统计基本情况(缺少德国的统计数据)。在统计国家中,所有国家的应用研发投入都高于基础研发投入,且投入趋势相似。美国的应用研发投入和基础研发投入一样,在1000亿美元(购买力平价)左右,高居首位,且逐年增加。中国的应用研发投入低于美国,处于统计国家中的中游,呈现与美国同样的上升趋势,近似美国应用研发投入的二分之一。其次是日本,应用研发投入趋于平缓,近似美国应用研发投入的三分之一。英国和俄罗斯同样相对落后。

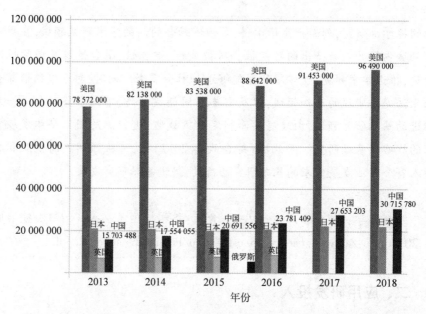

图42 2013—2018年主要国家的应用研发投入（购买力平价，单位：千美元）
（数据来源：UIS；制图：ICEE）

三、实验开发投入

实验开发是一项系统的工作，利用研究和实践经验中获得的知识产生额外的知识，用于生产新产品或新工艺，或改进现有产品或工艺。下图43展示了2013—2018年主要国家的实验开发投入统计情况（缺少德国的统计数据）。在统计国家中，中国的基础研发和应用研发投入远远低于美国，而中国实验开

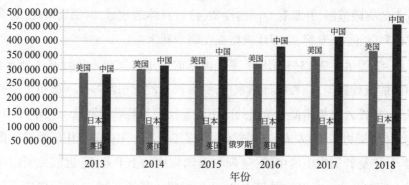

图43 2013—2018年主要国家的实验开发投入（购买力平价，单位：千美元）
（数据来源：UIS；制图：ICEE）

发投入位于首位,且近几年增长速度迅猛。2013年中国的实验开发投入和美国相对持平,近几年不断超过美国。日本的实验开发投入、基础研发投入和应用研发投入趋势相同,趋于平缓,保持1000亿美元(购买力平价)左右;英国和俄罗斯同样相对落后,低于300亿美元(购买力平价)。

案例栏目:

基础研究、应用研究及实验与发展的区别

研究类别分为基础研究、应用研究和实验与发展三类,如何理解实验与发展?是否等同于综合研究或其他研究?

根据国家统计局关于项目研究类型的分类标准,项目分为三类,即"基础研究""应用研究""实验与发展"。基础研究是指为了获得关于现象和可观察事实的基本原理的新知识而进行的实验性或理论性研究,它不以任何专门或特定的应用或使用为目的,其成果以科学论文和科学著作为主要形式。应用研究是指为了将基础研发获得的新知识应用于解决实际问题而进行的研究,主要针对某一特定的目的或目标。应用研究是为了确定基础研究成果可能的用途,或是为达到预定的目标探索应采取的新方法(原理性)或新途径。其成果形式以科学论文、专著、原理性模型或发明专利为主。

实验与发展是指利用从基础研究、应用研究和实际经验所获得的现有知识,为产生新的产品、材料和装置,建立新的工艺、系统和服务,以及对已产生和建立的上述各项做实质性的改进而进行的系统性工作。其成果形式主要是专利、专有技术、具有新产品基本特征的产品原型或具有新装置基本特征的原始样机等。在社会科学领域,实验发展是指把通过基础研究、应用研究获得的知识转变成可以实施的计划(包括为进行检验和评估实施示范项目)的过程。人文科学领域除了个别学科的特定领域如艺术学的乐器方向等外,一般来说没有对应的实验发展活动。综上,在研究类别的选择上应结合项目主攻方向进行确定,原则上多为基础研究和应用研究。

参考资料:

国家统计局. 科学技术[EB/OL]. https://www.stats.gov.cn/sj/zbjs/202302/t20230202_1897091.html.

基于基础研发、应用研发和实验开发的研究,可以发现美国、中国和日本居于前三。总体来说,中国和美国在研发投入的规模是相当的,美国在基础研发投入和应用研发投入方面领先,中国在实验开发投入方面领先。从总研发投入上看,美国稍高于中国的研发投入。基础研究可以扩大科学知识或回答问题,应用研究可以解决改善人类状况的现实问题,实验开发使用获得的知识来生产或改进产品和流程。中国对实验开发的投入远超其他主要经济体,今后要强化基础研究和应用研究,深刻认识基础研究投入和原始创新能力与美国等发达国家的差距,以及提高创新链条整体效能,提高基础研究和应用研究的比例,形成良好的基础研发投入机制,从国家治理体系和治理能力现代化的角度不断完善新型举国创新体制。

四、研发投入占 GDP 比例

研发投入是指在特定参考期内进行的内部研发支出总额,按基础研究、应用研究和实验开发进行细分。表 6 展示了 2013—2018 年主要国家的研发投入统计情况。从趋势线可以清晰地看到,中国、美国、英国和德国的研发投入呈现上升趋势,日本和俄罗斯相对波动。从柱状图可以看出,美国的研发投入最多,在 5000 亿美元(购买力平价)左右,继而是中国,超过 3000 亿美元(购买力平价),中国和美国的研发投入远远大于其他四个国家(其他国家都低于 2000 亿美元(购买力平价)),且中国的基础研发投入逐渐接近美国;英国和俄罗斯的研发投入相对较少。

表 6　2013—2018 年主要国家的研发投入(购买力平价,单位:千美元)

年份 国家	2013年	2014年	2015年	2016年	2017年	2018年	趋势线
中国	335 223 875.61	372 326 128.67	409 422 651.84	453 054 840.16	499 099 117.13	554 327 829.31	
美国	454 823 000.00	476 459 000.00	495 094 000.00	516 590 000.00	548 984 000.00	581 553 000.00	
英国	41 532 086.39	43 811 100.10	45 678 218.86	47 420 673.54	50 367 752.92	52 146 292.97	
德国	102 905 465.27	109 562 637.77	114 128 211.00	119 921 308.01	132 004 386.28	137 880 026.16	
俄罗斯	38 607 042.33	40 330 178.24	38 776 364.48	38 742 596.01	41 868 011.83	40 097 987.11	
日本	164 655 763.82	169 554 148.53	168 546 118.81	164 758 220.35	170 900 736.32	176 762 555.53	

说明:柱状图依次为中国、美国、英国、德国、俄罗斯、日本数据
(数据来源:UIS;制表:ICEE)

研发投入占 GDP 比例是指在一年内,国内研发投入总额除以国内生产总值(即所有居民生产者在经济中的总值,包括分配贸易和运输,加上任何产品税和减去不包括在产品价值中的任何补贴的总和)乘以 100%。研发投入占 GDP 比例,即研发投入强度,反映了一国或一个区域科技研发实力和竞争力。图 44 展示了 2013—2018 年主要国家的研发投入占 GDP 比例统计情况。在本报告统计的六个国家中,日本的研发投入占 GDP 比例位居首位,大于 3%;德国、美国、俄罗斯、英国都呈现平缓上升趋势,其中德国在 2017 年以后超过 3%,美国处在 2.5%~3% 之间,中国处在 2%~2.5% 之间,英国处在 1.5%~2% 之间,俄罗斯在 1% 左右浮动,且 2018 年有下降趋势。研发投入一方面取决于经济发展现状,另一方面取决于国家对科技创新的重视程度。中国处在这六个国家中间水平,有待继续提高研发投入强度。

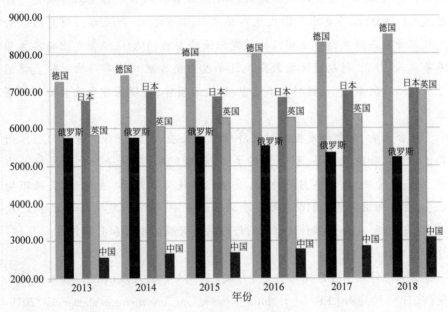

图 44　2013—2018 年主要国家的研发投入占 GDP 比例

(数据来源:UIS;制图:ICEE)

案例栏目:

加大研发投入的意义

研发投入一般是指全社会研究与试验发展经费。研究与试验发展

（R&D）经费投入指统计年度内全社会实际用于基础研究、应用研究和试验发展的经费支出。包括实际用于研究与试验发展活动的人员劳务费、原材料费、固定资产购建费、管理费及其他费用支出。基础研究指为了获得关于现象和可观察事实的基本原理的新知识（揭示客观事物的本质、运动规律，获得新发展、新学说）而进行的实验性或理论性研究，它不以任何专门或特定的应用或使用为目的。应用研究指为了确定基础研究成果可能的用途，或是为达到预定的目标探索应采取的新方法（原理性）或新途径而进行的创造性研究。应用研究主要针对某一特定的目的或目标。试验发展指利用从基础研究、应用研究和实际经验所获得的现有知识，为产生新的产品、材料和装置，建立新的工艺、系统和服务，以及对已产生和建立的上述各项作实质性的改进而进行的系统性工作。研究与试验发展（R&D）经费投入强度指全社会研究与试验发展（R&D）经费支出与国内生产总值（GDP）之比；产业部门研究与试验发展经费投入强度指产业部门的研究与试验发展（R&D）经费支出与其主营业务收入之比。财政科技拨款指统计年度内由各级财政部门拨付的直接用于科技活动的款项，包括科学事业费、科技三项费、科研基建费及其他科研事业费。

综合来看，加大研发投入对经济增长意义重大，政府和有关部门一方面要进一步完善政策体系，引导市场主体、科研院所、高校等加大研发投入力度，提高资金使用效率；另一方面，要深化科技体制改革，去行政化、强市场性，为更好利用市场机制配置研发资源创造条件，确保研发投入的针对性、及时性、有效性，充分发挥科技创新对经济转型升级的支撑和引领作用。

参考资料：

国家统计局. 国家统计局关于印发《研究与试验发展（R&D）投入统计规范（试行）》的通知[EB/OL]. https://www.gov.cn/zhengce/zhengceku/2019-09/19/content_5426634.htm.

五、申请专利数

申请专利数是指专利机构受理技术发明申请专利的数量。专利申请数量越多，表示一个社会的创新能力越高，社会就越有活力。图45展示了2013—2018年主要国家的专利申请总量统计情况。其中PCT为专利合作协定

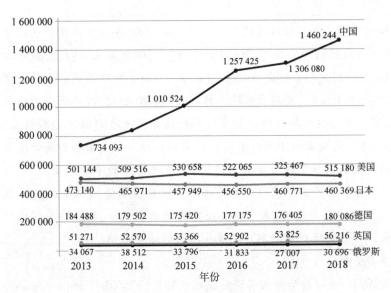

图 45　2013—2018 年主要国家的专利申请总量
（数据来源：世界知识产权组织 WIPO；制图：ICEE）

（Patent Cooperation Treaty）的简写，是专利领域的一项国际合作条约，它主要是涉及专利申请的提交、检索及审查以及其中包括的技术信息的传播的合作性和合理性的一个条约。从总量上看，中国的专利申请数超过 70 万，明显处于领先地位，且增长趋势迅猛，年专利申请数从 2013 年的 734 093 增加至 2019 年的 1 460 244。继而是美国、日本，年专利申请量在 40 万~60 万之间，然后是德国、英国和俄罗斯，年专利申请量在 20 万以下，且这五个国家年专利申请量都趋于平缓，基本保持不变。从 2016 年起，中国每年的专利申请量超过其他五个国家的申请专利总和。中国的专利申请数之多，可以看出中国对科技创新的注重程度和投入力度不断升高，未来要不断提高有效专利数和科技成果转化比例，不断激发科研人员的积极性与创造性，提升知识产权综合实力，真正推动我国科技产业发展。

案例栏目：

美国的科技成果转化政策法案

　　为了加快科技成果实现产业化的进程，不断提高美国的综合国力和竞争力，20 世纪 80 年代以来，美国制定颁布了一系列法律法规，以保障科研成果转化和技术开发等各项政策的有效实施。如 1980 年由美国国会通过并颁布的《专利和商标法修正案》(即《拜杜法案》)和《史蒂文森-威德勒技术创新法》,1982 年制定的《小企业技术创新法》,1984 年颁布的《国家合作研究法》,1986 年出台的《联邦政府技术转移法》及 20 世纪 90 年代以后陆续出台的《国家竞争力技术转让法》《国家技术转让与促进法》《技术转移商业化法》《开启未来:迈向新的国家科学政策》《走向全球——美国创新的新政策》等。为了使科技成果转化适应市场经济规则,建立有序的市场竞争秩序,美国还制定了一系列关于知识产权保护的法案,如《反垄断法》《投资法》《工业产权法》和《资本市场规范法》等。这些法律法规的制定和实施,为美国的科技成果转化工作奠定了稳定的制度环境和牢固的政策基础。

参考资料:

搜狐网. 美国政府如何促进科技成果转化[EB/OL]. https://www.sohu.com/a/123538702466951.

六、每万名研发人员申请专利数

每万名研发人员申请专利数是指在一年内,国内专利申请总量除以国内研发人员规模乘以 10 000。图 46 展示了 2013—2018 年主要国家每万名研发

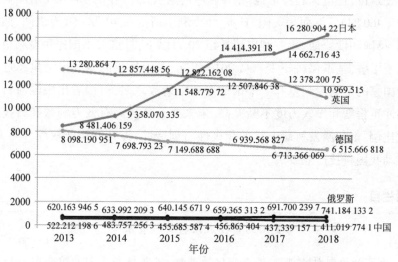

图 46　2013—2018 年主要国家每万名研发人员申请专利数

(数据来源:WIPO、UIS;制图:ICEE)

人员申请专利数。由于缺少美国研发人员数据,无法计算美国每万名研发人员申请专利数。在已有统计数据的几个国家中,日本的每万名研发人员申请专利数位居首位,每万名研发人员申请专利数超过5000,日本的研发人员规模远小于中国,说明日本的研发人员的专利申请率很高。继而是中国和德国,2016年以后中国每万名研发人员申请专利数超过德国,每万名研发人员申请专利数不断上升。接着是英国(超过1000)和俄罗斯(400左右)。中国研发人员的基数大,未来要充分发挥人口基数大的优势,努力提升我国研究人员的综合水平和效率。

七、ESI 科技论文总量

基本科学指标数据库(Essential Science Indicators,ESI)是由世界著名的学术信息出版机构美国科技信息研究所(Institute for scientific Information,ISI)于2001年推出的衡量科学研究绩效、跟踪科学发展趋势的基本分析评价工具。ISI 资产重组后,ESI 成为汤森路透公司的一部分。ESI 是汤森路透基于 SCI(科学引文索引)和 SSCI(社会科学引文索引)所收录的全球 11 000 多种学术期刊的 1000 多万条文献记录而建立的计量分析数据库。ESI 设置的 22 个学科为:生物学与生物化学、化学、计算机科学、经济与商业、工程学、地球科学、材料科学、数学、综合交叉学科、物理学、社会科学总论、空间科学、农业科学、临床医学、分子生物学与遗传学、神经系统学与行为学、免疫学、精神病学与心理学、微生物学、环境科学与生态学、植物学与动物学、药理学与毒理学。ESI 对全球所有高校及科研机构的 SCI、SSCI 库中近 11 年的论文数据进行统计,按被引频次的高低确定出衡量研究绩效的阈值,分别排出居世界前 1% 的研究机构、科学家、研究论文,居世界前 50% 的国家/地区和居前 0.1% 的热点论文。ESI 针对 22 个专业领域,通过论文数、论文被引频次、论文篇均被引频次、高被引论文、热点论文和前沿论文等六大指标,从各个角度对国家/地区科研水平、机构学术声誉、科学家学术影响力以及期刊学术水平进行全面衡量。所有统计数字每两个月更新一次。

ESI 是当今世界范围内普遍用以评价高校、学术机构、国家/地区国际学术水平及影响力的重要评价指标工具之一。WOS 论文数量代表国家的学术水平及影响力。图47展示了当前(2020年7月)主要国家科技论文数、引用数及

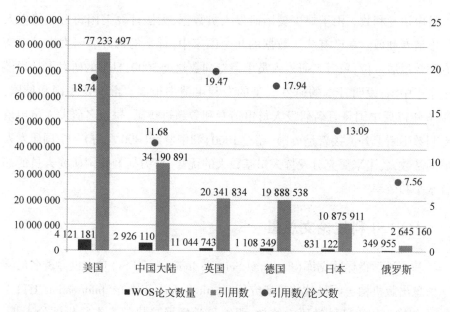

图 47　主要国家科技论文数及引用数

(数据来源：基本科学指标数据库 ESI 更新于 2020.7.9；制图：ICEE)

引用数与科技论文数的比例。在统计国家中,科技论文数量最多的国家是美国,高达 7723 万篇,继而是中国(3419 万)、英国(2034 万)、德国(1989 万)、日本(1087 万),俄罗斯最少,仅为 264 万；论文引用数最多的是美国,为 412 万,继而是中国(293 万)、英国(104 万)、德国(111 万)、日本(83 万),俄罗斯最少,仅为 350 万；引用数与科技论文数的比例最大的是英国(19.47),继而是德国(17.94)、美国(18.74)、日本(13.09)、中国(11.68)和俄罗斯(7.56)。中国在 WOS 论文数量上与美国仍有一定的差距,要继续提升中国的学术水平及影响力；中国的论文数与引用数都相对较多,而引用数与科技论文数的比例却比较落后,说明每篇论文的平均引用数相对较低。

图 48 展示了 2020 年 7 月主要国家顶级论文、高被引论文和热点论文的统计情况。从整体上看,顶级论文和高被引论文的数量相差不大,这与实际相符,一般来说顶级论文的被引量相对大；热点论文的数量相对于顶级论文和高被引论文,相差甚远。在统计的六个国家中,美国顶级/高被引/热点科技论文数都居于首位,为 7.4 万左右。美国的顶级论文和高被引论文数量是中国同类论文数量的两倍,英国同类论文数量的三倍,继而是德国、日本、俄罗斯,日

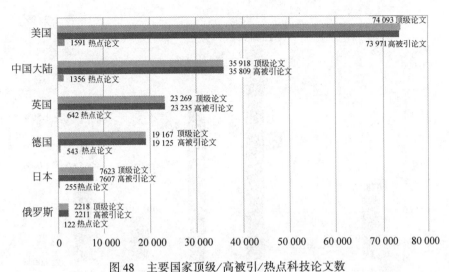

图 48　主要国家顶级/高被引/热点科技论文数

（数据来源：基本科学指标数据库 ESI，更新于 2020.7.9；制图：ICEE）

本和俄罗斯的数量未超过 10 000；中国与美国的热点论文数量相差不大，大于英国、德国、日本和俄罗斯同类论文数量之和。中国在顶级论文和高被引论文数量上与美国仍有一定的差距，要进一步提高论文的质量，提升中国学术的影响力。

八、每万名研发人员论文平均数

每万名研发人员论文平均数，报告采用当前（2020 年 7 月）ESI 科技论文总量除以研发人员规模，因研发人员的数量更新到 2018 年，因此计算时使用 2018 年研发人员数量估算每万名研发人员论文平均数。图 49 展示了主要国家每万名研发人员论文平均数及其占论文总量的比例，由于缺少美国研发人员数据，故无法计算美国每万名研发人员论文平均数。在统计国家中，每万名研发人员论文平均数，英国位居首位（22 245.28），继而是德国（15 686.62）、日本（9266.60）、中国大陆（6678.42）、俄罗斯（4614.01）；每万名研发人员论文平均数占科技论文总量的比例，英国同样位居首位，为 2.13%，继而是德国（1.42%）、俄罗斯（1.32%）、日本（1.11%）、中国大陆（0.23%）。中国研发人员规模很大，但每万名研发人员论文平均数落后，且占比仅有 0.23%，说明研发人员的论文产出处于很低的状态。

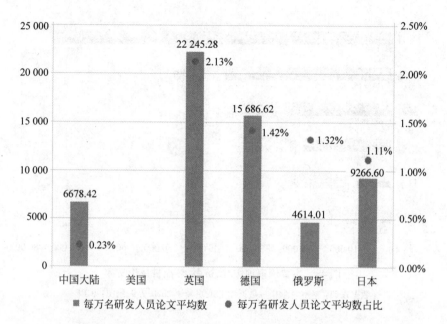

图49 主要国家/地区每万名研发人员论文平均数及其占比
(数据来源:基本科学指标数据库 ESI,更新于 2020.7.9;制图:ICEE)

九、全球创新指数排名

全球创新指数①(Global Innovation Index, GII)是一个详细的量化工具,其根据 80 项指标对参与国家和经济体进行排名。由图 50 中数据可以看出,六个国家的创新指数在近 6 年均居于全球前 50 位,英美两国创新指数一直位于全球前十,且英国持续几年都保持世界前五,美国在 2017 年和 2019 年超越英

---

① 《2020 年全球创新指数报告》指出,中国已经确立了作为创新领先者的地位,在专利、实用新型、商标、工业品外观设计申请量和创意产品出口等重要指标上均名列前茅。中国有 17 个区域进入全球创新集群百强,其中,深圳—香港—广州创新集群排名全球第 2 位,北京创新集群排名全球第 4 位。相较于 2017 年,中国进入全球创新集群百强的区域数量增加了 10 个,显示出我国区域创新集群的强劲国际竞争力,并在人力资本和研究(第 21 位,上升 4 位)和市场成熟度(第 19 位,上升 2 位)。它在数项关键产出指标中保持世界第一的地位,包括本国人专利申请量、实用新型、商标、外观设计和创意产品出口。中国在创意产出支柱中仍排名第 12 位。它还在无形资产分支柱的排名中保持世界第一的地位。在排名前 5000 名的品牌中有 408 个品牌来自中国,其中位居前列的是中国工商银行和中国建设银行,以及科技巨头华为公司,在新的 GII 指标全球品牌价值中排名第 17 位。中国在创意产品和服务分支柱(第 12 位,上升 2 位)中的排名也有所提升,在文化和创意服务出口(第 46 位)、娱乐和媒体市场(第 37 位)以及印刷和其他媒体(第 72 位)这三项指标中的排名显著提升。它在创意产品出口(第 1 位)中的排名也保持世界第一。中国还连续八年在中等收入经济体中位居创新质量排名的榜首。

国,分别排名全球第 4 和第 3。德国从 2017 年开始也跻身世界前 10,排名第 9,日本在 2015 年之后排名前 20。俄罗斯的总体走向也是呈上升状态。从图 50 中显示中国的发展趋势看,创新指数排名近几年一直保持上升势头,从 2015 年的排名 29 到 2020 年第 14,排名上升 15 个位次,是六国中进步基数最大的国家,并且在 2019 年、2020 年排名成功居于日本之前。这在一定程度上客观反映了我国十分重视和强调创新驱动经济发展和转型,并在深入实施创新驱动发展战略,构建创新生态系统上取得了一定成效。

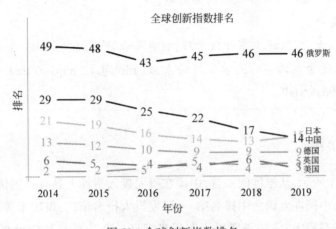

图 50 全球创新指数排名

(数据来源:WIPO;制图:ICEE)

案例栏目:

> 全球创新指数
>
> 全球创新指数(GII)始于 2007 年,每年由世界知识产权组织、美国康奈尔大学、欧洲工商管理学院及其他工商业界合作伙伴共同发布,通过研发投资、专利和商标国际申请量、移动应用开发及高科技出口等 80 多项指标,对全球 129 个经济体的创新程度进行排名,为各国制定鼓励创新的政策和衡量创新活动的标准提供参考。2019 年,中国连续第四年保持上升势头,排在第 14,较去年上升 3 个位次,并在中等收入经济体中连续七年在创新质量上排在榜首,在涉及知识产权和贸易的多项指标,例如专利、工业品外观设计数量和商标申请量以及创意产品和高技术出口方面名列前茅。

报告对全球经济体中的热点"创新集群"进行排名,并列出得分最高的前100名。前五大集群为:日本的东京-横滨集群;中国的深圳-香港集群;韩国的首尔集群;中国的北京集群;美国的圣何塞-旧金山集群。中国共有19个创新集群上榜,这使得中国成为世界创新集群第二多的经济体,仅次于美国的26个创新集群。德国排在第三位,拥有10个创新集群。世界知识产权组织专家表示,中国保持创新指数的上升趋势以及拥有众多的区域创新集群,说明中国已越来越成为世界创新的聚集地。

参考资料:

康奈尔大学,欧洲工商管理学院,世界知识产权组织. 2019年全球创新指数:打造健康生活——医学创新的未来[EB/OL]. https://tind.wipo.int/record/40406?v=pdf.

十、小结

如图51所示,从维度四来看,中国在研发投入指标上具有一定优势,如实验开发投入中国在六国之中排名第一,研发投入排名第二,仅次于美国。但中国在基础研究投入、应用研发投入上明显不足。研发投入占GDP的比例上,中国排名第四,仅优于英国与俄罗斯。中国在科研产出上的主要优势仍旧是规模数量优势,包括:专利申请数、WOS论文数,这两项指标都排名第一。在科研产出的人均指标上,每万名研发人员申请数排名第二,低于日本,但每万名研发人员论文发表平均数仅优于俄罗斯。

美国在研发投入与产出上都具有明显的优势。研发投入排名第一,研发投入占GDP比重仅次于中国,实验与开发投入仅次于中国。从产出来看,WOS论文数排名第一、专利申请数仅次于中国。美国的全球创新指数在六国中排名第一。

英国在研发投入上有一定的劣势,无论是研发投入占GDP比重,还是研发投入总金额、基础研发投入、应用研发投入等各项指标,在六国之中均排名倒数第一。从产出来看,英国也表现一般,专利申请数排名倒数第二,仅优于俄罗斯。WOS论文数排名第四。但在每万名研发人员论文平均数上,英国排名第一。

日本研发投入强度很高,研发投入占GDP比重排名第一。在基础研发投

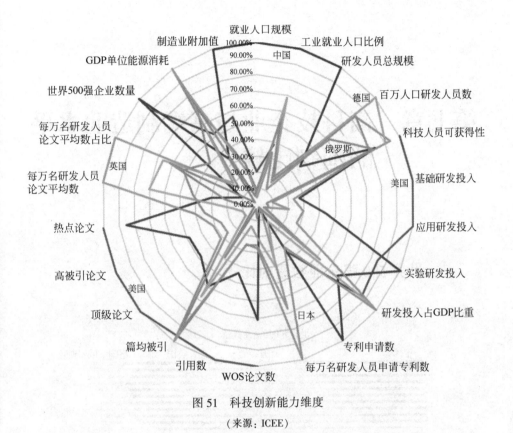

图 51　科技创新能力维度

（来源：ICEE）

入与应用研发投入上同样排名第一，在实验开发投入上排名第三。高度重视研发投入尤其是高度重视基础研发投入的日本，取得了显著的成效，自 2016 年起每万名研发人员专利申请数一直位列六国之首。

德国研发投入较高，占 GDP 的比重排名第二，仅次于美国。从产出来看，德国人均科研产出表现相对较好，每万名研发人员论文平均数排名第二，仅次于英国。每万名研发人员申请专利数排名第三，在日本与中国之后。

第七章 高科技企业与高端制造业水平的国别比较

一、世界 500 强企业数量对比

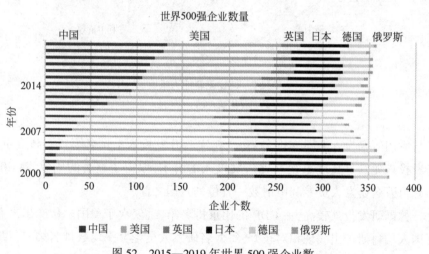

图 52 2015—2019 年世界 500 强企业数

(资料来源:《财富》杂志历年数据整理;制图:ICEE)

如图 52、图 53 显示,美国企业在《财富》世界 500 强排行榜单中一直处于领先地位,企业为数最多,中国企业数量仅次于美国,稳居世界第二。图 54 显示,2018 年之前的美国上榜企业数一直位于中国之上,但总体曲线呈平缓下降趋势,2018 年美国企业数相对于上年减少 6 家,2019 年降至近 10 年最低。而中国企业表现突出,上榜企业数量逐年增加,于 2019 年企业数达到 129 家,首次超过美国121家,曲线一直呈上升趋势,2020年企业入榜数达133家,继2019年后,中国第二次在全球企业竞争中超过美国,跃居首位。

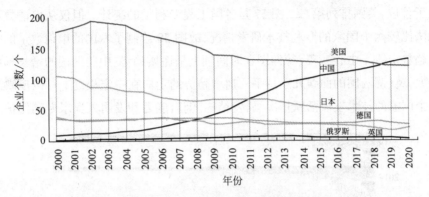

图53 世界500强企业数量2000—2019年时间趋向图

(资料来源:《财富》杂志历年数据整理;制图:ICEE)

图54 中美两国世界500强上榜公司数量对比图

(资料来源:《财富》杂志历年数据整理;制图:ICEE)

二、工程专利申请

图55和图56分别对中、美、日、德、英、俄六国2015—2018年的非居民[①]

---

① 非居民企业:依照国外(地区)法律成立且实际管理机构不在本国境内,但在本国境内设立机构、场所,或在本国境内未设立机构、场所,但来源于本国境内所得的企业。非居民个人:居民以外的自然人、法人。

109

和居民①工程专利申请数做了统计,从两图可以看出,美国的非居民工程专利申请数居于首位,中国排列第二。在居民专利申请的条形图56中显示,中国位于首位,美国排列第二。图57是各国工程专利量的统计。但仅从申请数量无法比较六个国家的专利技术研发情况,故图58绘制了六国的申请数量的时间趋势走线。中、美、英、德四国在时间轴上呈递增趋势,中美两国的增长梯度较大,英、德两国的曲线几乎持平。递增趋势的走向在一定程度上可以反映出一个国家的技术发展活跃情况、研发精神、创新能力和发明人谋求专利保护的

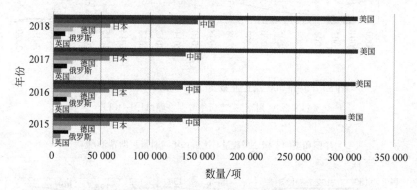

图55 2015—2018年工程专利申请数量(非居民)

(数据来源:WIPO;制图:ICEE)

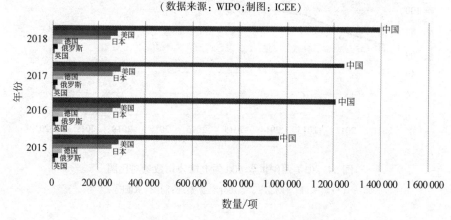

图56 2015—2018年工程专利申请数量(居民)

(数据来源:WIPO;制图:ICEE)

---

① 居民企业:依法在本国境内成立,或者依照国外(地区)法律成立但实际管理机构在本国境内的企业。居民个人:在本国境内有住所,或者无住所而在境内居住满一年的个人,从境内所得,依照相关法律规定缴纳个人所得税。

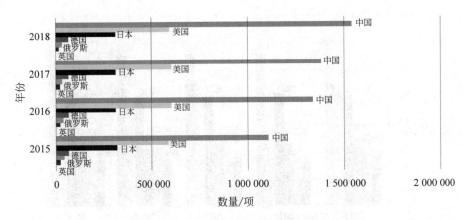

图 57　2015—2018 年工程专利申请数量(总数)

(数据来源：WIPO；制图：ICEE)

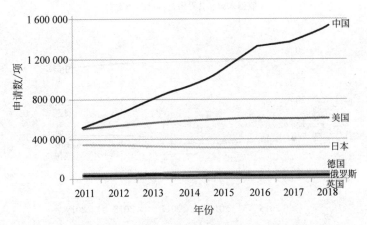

图 58　2011—2018 年工程专利申请数量时间趋势图

(数据来源：WIPO；制图：ICEE)

积极性等。中国在保持专利总数增长的同时也要保证优质专利的数量增长，以满足高质量发展的需要。

三、制造业增加值的 GDP 占比

在图 59 中，中国的制造业增加值 GDP 占比于 25% 之上，德国、日本的占比持续在 20% 上下，美国、俄罗斯制造业占比在 10%~15% 之间，英国的占比在六国中最低，于 10% 以下。从图 60 曲线趋势走向可以看出，六国近五年制

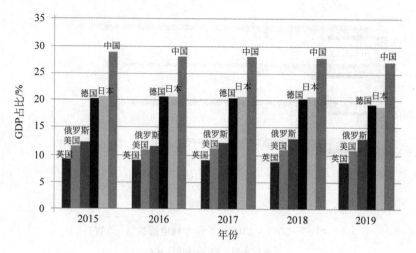

图 59　各国制造业①增加值②的 GDP 占比
（数据来源：世界银行；制图：ICEE）

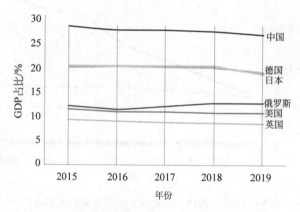

图 60　各国制造业增加值的 GDP 占比时间曲线图
（数据来源：世界银行；制图：ICEE）

造业增加值的 GDP 占比增长都较平缓，中国近五年的占比走向略呈下坡趋势，但在统计的六国中仍拔得头筹。德、日两国的竞争不相上下。德国与日本是制造业强国，在全世界享有盛名。而中国作为世界第一制造大国，中国经济

---

①　制造业指的是属于国际标准产业分类（ISIC）中第 15～37 类的产业。
②　增加值是一个部门在总计了各项产值并减去了中间投入之后的净产值。这种计算方法未扣除装配式资产的折旧或自然资源的损耗和退化。增加值来源是根据《国际标准行业分类》（ISIC）修订本第 3 版确定的。注：对于 VAB 国家，用按要素成本计算的总增加值作为分母。

已成为世界经济增长的主要动力,制造业增加值连续几年对 GDP 的贡献率保持在近 30% 左右,位居世界第一,对 GDP 的增长形成强有力的支撑。但是也要看到,中国虽为制造业大国,但制造业"大而不强"的问题仍然存在,必须加快向全球价值链的中高端迁移。目前,中国出口产品的技术含量和增加值较低,出口产品主要以量取胜,而不是以质取胜①,中国制造业急需提质升级以期获取未来竞争优势。

四、各国各产业增加值 GDP 占比比较

由图 61 的服务业柱状高低看出,位于第三产业前三的都是发达国家,这似乎成了发达国家的标志。因此不少发展中国家就开始实施产业结构调整,大力发展服务业,短时间内打破三大产业的稳定结构。中国在注重服务业的占比同时,也要特别关注注重农业、工业的可持续发展,只有各产业结构优化调整,才有益于一个国家的经济增长。由图 62 可见,第三产业服务业增加值在各经济体的各产业中占比最大,农业增加值 GDP 所占比重最小。其中,美国的服务业占的 GDP 比重最大,高于 75%。但其农业占比在 1% 左右。英国、日本的服务业占比分别次于美国、中国与俄罗斯,并列第五。在农业、工业、制造业增加值占比中,中国均居于首位,俄罗斯和日本在农业、工业中分别排名

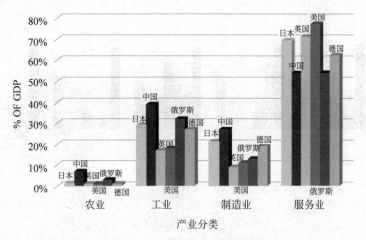

图 61 2019 年各国各产业增加值 GDP 占比

(数据来源:世界银行;制图:ICEE)

---

① 裴长洪,刘洪愧. 中国怎样迈向贸易强国:一个新的分析思路[J]. 经济研究,2017(5):26-43。

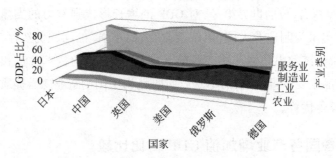

图 62　2019 年各国各产业增加值占 GDP 占比

（数据来源：世界银行；制图：ICEE）

第二、第三，在制造业增加值占比中仅次于中国，位居第二。

五、工业增加值的年增长率

德国、日本作为世界工业强国，在国际上享有极高声誉，堪称全球制造业标杆，而中国近几年的工业发展也在逐步壮大。图 63 数据显示，各国中，中国工业增加值[①]的年增长率远超德国、日本，年增长率在近 5 年中均位于首位，始终保持在 5% 之上，并且数据波动微小。德国的年增长率波动较大，2019 年达

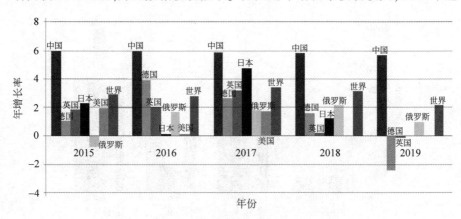

图 63　工业增加值的年增长率

（数据来源：世界银行；制图：ICEE）

---

①　工业增加值，指工业企业在报告期内以货币表现的工业生产活动的最终成果，有两种计算方法，一是生产法，二是收入法。生产法：工业增加值＝工业总产值－工业中间投入＋本期应交增值税。收入法：工业增加值＝固定资产折旧＋劳动者报酬＋生产税净值＋营业盈余。

近五年最低值,负增长将近3%。日本的工业增加值年增长率于2016年达近几年最低,几乎未增长,与2015年、2017年相比数据相差较大,数据波动较大。工业的一项重要职能是为其他生产部门提供生产手段,单纯以工业增加值的年增长率这一指标衡量工业发展的好与坏、强与弱并不科学。工业是否强大,主要是看工业发展对其他产业发展支撑力的大小,及与第三产业和第一产业的结构优化程度。

六、高科技出口

科技作为第一生产力,科技产品是工业化和现代化发展的结果,相比于其他商品,高科技产品的增加值更高,利润率也更高。高科技产品的出口贸易额反映了一个国家的科技水平,也反映出一个国家在出口贸易中的获利程度。中国科技持续发展,实现一次次变革,从图65可知,中国的高科技出口占比在30%以上,比第二位的英国多出近10%,比美国多出近15%。图64中的数据显示,在近11年里,中国的高科技出口产品占比始终保持在30%之上,是高科技产品出口最多的国家,居于全球榜首。2009年美国高科技出口占比超英国近5%,此后的10年里,英国一直位于美国之上,仅次于中国。由六国的折线上下差距线可以看出,德、英、日、美四国的占比差较小,中国超出其他五国的

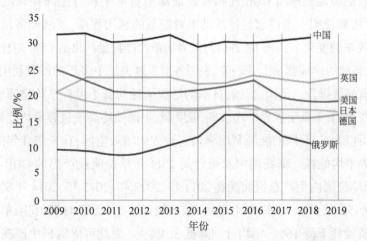

图64　各国近11年高科技出口产品①(占制成品的百分比)折线图

(数据来源:世界银行;制图:ICEE)

---

① 高科技出口产品是指具有高研发强度的产品,例如航空航天、计算机、医药、科学仪器、电气机械。

占比差额最大。俄罗斯在2009—2016年曲线呈上升趋势,2016年达近11年最高值,之后呈下降趋势。随着工业化水平的不断发展和提高,高科技产品出口将是中高收入国家缩小与高收入国家收入差距的主要途径。

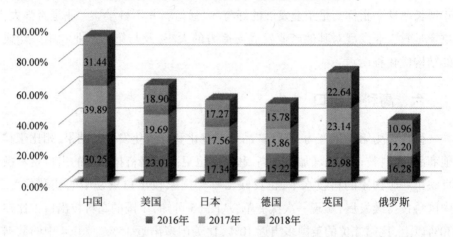

图65 各国2016—2018年高科技出口(占制成品的百分比)柱状图
(数据来源:世界银行;制图:ICEE)

七、单位能源消耗产出GDP

单位能源能耗产出GDP是指反映能源消费水平和节能降耗状况的主要指标,该指标说明一个国家经济活动中对能源的利用程度,反映经济结构和能源利用效率的变化。由图67各国与世界的单位能耗量产出的GDP对比曲线可以看出,各国的曲线都呈上升趋势,表明各国在过去二十多年的能源利用率与自身相比有显著提升。英国、德国、日本的能源消耗均低于世界平均能源消耗,美国能耗在2011年低于世界平均水平,俄罗斯、中国始终高于世界平均能耗,从趋势走向可以看出,两国的能源利用率仍有较大的增效空间,在未来几年间,有望低于世界平均能耗。据我国国家统计局2014年单位能耗产出的GDP公报解读,我国单位国内生产总值能耗在2011年、2012年、2013年、2014年实际分别降低2.01%、3.6%、3.7%和4.8%。按照规划,"十二五"时期,我国单位国内生产总值能耗下降16%,年均计划降低3.4%[①]。由此可以看出中国在优化能源消费结构,贯彻实施绿色低碳战略等能源发展方面取得了良好成效。

---

① 国家统计局.2014公报解读:单位GDP能耗下降4.8%意味着什么[EB/OL].[2021-04-07] http://www.stats.gov.cn/tjsj/sjjd/201503/t20150308_690781.html.

第七章 高科技企业与高端制造业水平的国别比较

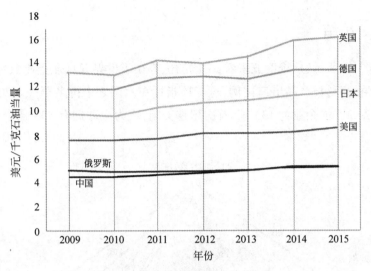

图 66　单位能源消耗产出的 GDP[①]

（数据来源：世界银行；制图：ICEE）

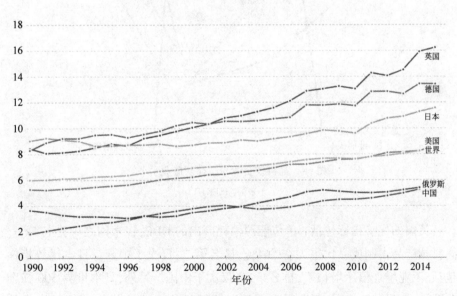

图 67　单位能源消耗产出 GDP 的世界对比图[②]

（数据来源：世界银行；制图：ICEE）

---

① GDP 单位能源消耗是指平均每千克石油当量的能源消耗所产生的按购买力平价计算的 GDP。按购买力平价计算的 GDP 是指采用购买力平价汇率将国内生产总值换算为 2011 年不变价国际元。国际元对 GDP 的购买力相当于美元在美国的购买力。

② 数据越大，每单位 GDP 消耗的能源越低。

八、小结

如图68所示,从维度五来看,中国的优势在于世界五百强企业数量、制造业增加值、高科技产品出口比例,这三项指标在六国之中排名第一。2020年,中国世界500强企业为133家,首次超越美国,成为全球拥有500强企业最多的国家。

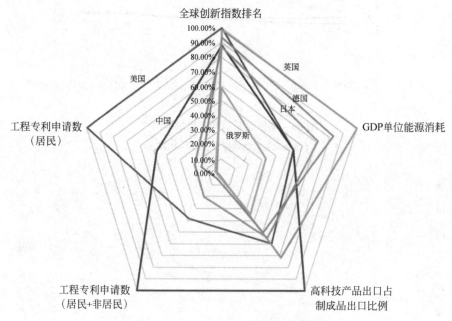

图68 高科技企业与高端制造业水平

(来源:ICEE)

英国的优势指标包括:单位能源消耗产出的GDP,在六国之中排名第一。高科技产品占制成品比重为22.64%,排名第二,仅次于中国。日本优势指标包括,工业增加值年增长率,排名第二,仅次于中国。另外,日本世界500强企业数量排名第三,仅次于中国和美国。德国优势在于单位能源消耗产出的GDP较高,排名第二,仅次于英国。俄罗斯在高科技企业和高端制造业水平这一维度中,表现非常一般,在几项指标中均排名垫底。

第八章 中国工程教育国际竞争力的主要差距

一、工程教育国际竞争力多维比较

从图69可知,中国工程教育国际竞争力指标中存在"齿轮"现象,大多数规模性指标处在齿顶位置,但人均指标处在齿底位置,具体如大专以上师生比、互联网普及率、高等教育毛入学率、人均GDP、百万人口研发人员数、百万科技人员申请工程专利数、篇均论文被引数等。整体而言,中国工程教育国际竞争力存在以下不足:教育研发体系大而不强、存在结构性短板、制造业能耗高、科技企业人员和企业创新能力不足等。

二、中国工程教育国际竞争力的主要差距

要促进中国工程教育国际竞争力的高质量发展应考虑以下十对关系:

(一)规模扩张与高质量发展的关系

数据显示,中国工程教育的现状主要在于相对人口多和规模大,包括高等教育在校生总规模和高等工程教育在校生总规模,这两项指标在六国中都高居第一。2019年中国有高等教育在校生4002万余名,其中高等工程教育在校生占比33.58%,约1344万名。中国在高水平大学相关指标表现中,排名第四,在美国、英国、德国之后,优于日本与俄罗斯。在高水平工科大学上,中国仅次于美国与英国,排名第三,但在数量上显著少于美国。2020年泰晤士报工科Top100中有37所高校来自美国,其后为英国9所,中国8所。高等教育在经历几十年跨越式的发展之后,寻求扩大规模与提高质量之间的平衡成为高

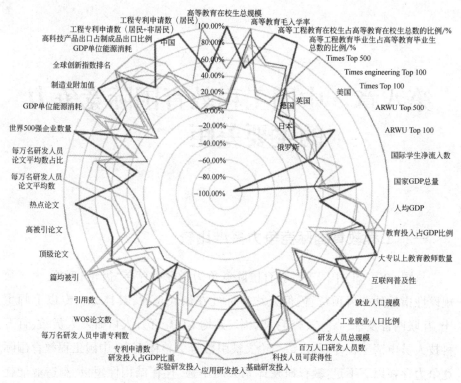

图 69　工程教育国际竞争力的多维指标分析
（来源：ICEE）

等教育研究领域的重要议题，从而实现工程教育内涵式发展。总的来看，伴随着连续多年高等教育的大发展，影响高等教育质量的师资水平、教育经费不足、基础设施缺乏、管理水平不高等矛盾日积月累，迫切需要解决。与此同时，贪大求全之风近年来在一些高校兴起，某些应用型特色型学院争相升格为大学，理工科大学、文科大学纷纷向门类齐全的综合性大学迈进，有的地方圈地兴建大学城，盲目追求数量和规模的发展，忽视教育质量的提高。因此，在稳步提升规模的同时，如何有效提高高等教育质量，成为教育行政部门和高校管理者都必须直面的课题。

（二）效率优先与兼顾公平的关系

中华人民共和国成立以来，我国高等教育主要承担着两大发展任务：一是注重效率优先，这主要通过各类世界一流大学建设计划来实现，旨在缩小与发达国家的科技、经济差异以实现中华民族伟大复兴的长期目标;二是强调社会公平,这主要通过扩大高等教育办学规模以满足人民群众对接受高等教育的扩张需求。前者注重精英化的人才培养理念,而后者则侧重大众化的人才培养理念,两者存在本质性差异,这也就导致其存在不可调和的发展矛盾。近年来,我国高等教育毛入学率迅速增长,2012年达30.0%,2015年达40.0%,高等教育在学规模迅速扩大至世界首位。据最新2019年全国教育事业发展统计公报,全国各类高等教育在学总规模4002万人,高等教育毛入学率为51.6%,进入高等教育普及化阶段。精英教育与大众教育的冲突实际上是高等教育发展的质与量如何协调的问题。因此,今后在世界一流大学建设中,如何协调好精英教育与大众教育的关系,实现公平而有质量的教育,继而努力提升工程科技人才培养的质量显得至关重要。当前,中国仍然缺少高水平大学群体。要成为教育强国,在普及化高等教育阶段仍然要发展精英教育,不仅要形成高水平大学的群体,还要重视支持不同类型高校的发展。第一流的工程教育不是看排名,而是要真正培养出符合工业发展需求的第一流的工程技术人才。第一流的工程技术人才也不一定是博士、硕士,高技能人才对工业现代化同样至关重要。不同类型的学校都可以培养出精英人才,校校皆有可能追求卓越,人人皆成为精英。

(三)高校发展趋同化与多样化的关系

高等教育系统是生态系统,高校不能按照一个模式发展。我国的高等教育发展更多采用分层式思维。长期以来,我国高校被分为地方高校与部属高校,其中可细分为高职院校、一般高校、"211"院校和"985"院校。进入双一流时代后,又可以被分为高职院校、一般高校、一流学科建设高校和一流大学建设高校。由本来主要是培养人才类别上的差别,变成了层次上的差别。越是上层的学校得到的资源越多,发展得越快,马太效应极其明显。在这样的背景下,大多数高校都想办成一流大学,导致学校发展目标和模式趋同。在不断竞争的过程中,培养社会需要的多样化人才的目标失去聚焦度,包括工科院校在内的各类高校都高度重视科学研究、学术论文的发表,忽略了教学内容的时代性与系统性、忽视了理论/实践教学的特性与研究。数据显示,中国在科研产出上的主要优势仍旧是规模优势,包括专利申请数、WOS论文数,这两项指标都排名第一。总的来看,这就导致大多数学校的主要精力放在科研上,放在争取更多的科研项目和经费上,而培养目标缩减为单一的科学研究人才,教学很难摆在学校的中心位置而导致不被足够重视。

(四)基础资源需求与供给的关系

数据显示,中国的主要劣势在于人均 GDP 和互联网普及性,这两项指标,中国均排名倒数第一。从历史角度来看,我国人均 GDP 由 2000 年的 7942 元增长到 2019 年的 70 892 元,增幅高达 792.6%。2019 年中国人均 GDP 首次超过一万美元,对于国人来说,是一个历史性的突破;而对于全世界来说,也具有非常重要的意义。但中国的人均 GDP 离发达国家的平均水平还有很大差距,例如,美国的人均 GDP 已经接近 6 万美元。这必然影响教育财政投入,同样,中国互联网普及率也已经取得长足进步,但与发达国家还存在一定差距。中国互联网络信息中心在京发布第 46 次《中国互联网络发展状况统计报告》显示,截至 2020 年 6 月,我国网民规模达 9.40 亿,互联网普及率达 67.0%。总的来看,改革开放以来,中国的教育资源可获性已经实现大幅度提升,但由于人口基数较大,离发达国家平均水平还有相当距离。如何在资源基础相对薄弱的状况下,优化资源配置,加大对高教教育领域资源的投入是未来亟待探讨的重要议题。

(五)就业人口规模庞大与高级技术工人短缺的关系

数据显示,中国在就业人口规模、制造业就业人口比例、研发人员数上具有相当的体量优势。这三项指标在六国之中都排名第一(排除美国数据缺失的因素)。但中国在科技人员可获得性与百万居民研发人员数上有明显的短板,分别排名倒数第二和倒数第一。随着我国经济快速发展和产业转型升级步伐加快,目前,技术工人数量短缺和结构性矛盾日益突出。2017 年年末,我国就业人员有 7.76 亿人,技术工人仅有 1.65 亿人。近些年,人力资源市场中,技术工人的求人倍率一直在 1.5 以上,高级技工的求人倍率达到 2 以上的水平,供需矛盾十分突出。因此,未来我国技能人才队伍数量、质量和结构有待进一步调整完善,以适应经济社会发展需要。总的来看,尽管我国科技人员队伍总体规模庞大,但高层次人才依然十分短缺,而能跻身国际前沿、参与国际竞争的战略科学家更是凤毛麟角,这种反差应该引起我国高等教育管理部门和有关学者的高度重视。

(六)科技研发投入与需求的关系

回顾中国工业的百年发展史,一直坚持技术引进与自主创新相结合的发展模式。要不断加强自主创新力度,自立自强,增强产业链供应链自主可控能力,解决"卡脖子"问题和开展种源"卡脖子"技术攻关,在关键领域加大投入力度并下功夫。

数据显示,中国在研发投入指标上具有一定优势,如实验开发投入中国在六国之中排名第一,研发投入排名第二,仅次于美国。但中国在基础研究投入、应用研发投入上明显不足。研发投入占GDP的比例上,中国排名第四,处在2%~2.5%之间仅优于英国与俄罗斯。在科研产出的人均指标上,每万名研发人员申请专利数排名第二,低于日本,但每万名研发人员论文发表平均数仅优于俄罗斯。总的来看,我国研发经费投入强度与美、日等世界科技强国相比仍有较大差距,基础研究、政府资金占比偏低等问题较突出,能真正形成关键核心技术、解决"卡脖子"问题的重要科技成果仍然不足。面向未来,应进一步加大财政支持力度,完善鼓励研发投入的政策体系,引导社会各界对基础研究的投入与布局,提升科技经费投入的有效性和针对性。

(七)师资规模短缺与提质增效的关系

大专以上教师数量是衡量一个国家高等教育师资力量的重要指标。整体而言,中美两国高等教育教师规模在六国之中位居前列,中国高等教育教师数量从2015年起超越美国成为世界第一,此后一直保持第一。但是,尽管中国高校教师数量高于美国,但考虑到美国高等教育规模仅为中国的一半,这意味着中国高等教育师生比大幅低于美国。由于师生比是衡量办学资源的重要指标,中国教师资源与美国相比,差距还很明显。数据显示,目前我国工科类院校的师生比仅为1∶18左右,远低于发达国家平均水平。此外,我国是名副其实的高等教育大国,但并非强国,这主要体现在两个方面:一是教师整体质量有待提高,随着博士招生数量的扩招,培养质量的滑坡已成为不争的事实;二是博士绝对数量和相对存量与发达国家还存在较大差距。2015年,我国高校专任教师中博士比例仅占21.6%。而在很多发达国家,博士是大学教师的入职门槛。21世纪初期,美国高校教师队伍中博士比例已经达到60%,这就凸显我国与美国等教育强国教师间的显著差别。因此,我国师资队伍建设就面临扩大规模与提升质量(包括学历层次)的双重任务与时代挑战。

(八)优质教育吸引与外流的关系

数据显示,中国的劣势主要在国际学生流动,在六国之中,中国是唯一一个学生净流出的国家。总的来看,出现这样的现象是多种原因造成的:一是对国外科学教育方式的向往。在我国,尽管这些年不断推进教育教学改革,但是应试教育仍占主流,为此,众多向往国外教育教学方式的家长和学生,企图另辟蹊径。二是我国经济的快速发展和家庭经济水平的快速提升。三是各国对留学市场的激烈争夺。美国、欧盟等一些经济和教育发达国家和地区,由于教育资源过剩,为了满足其教育市场的需求,纷纷采取措施、调整政策,要么进一步放松签证,要么调整招生比例,要么降低入学门槛,争夺留学生源。总的来看,我国高等教育质量与发达国家存在相当差距是促使出现国际学生流动逆差的根本原因,因此,只有通过不断推进高等教育内涵式发展,提升高等教育国际竞争力才能有效逆转此种现象。

(九)节能降耗与技术创新的关系

单元能耗产出的 GDP 是反映能源消费水平和节能降耗状况的主要指标,该指标说明一个国家经济活动中对能源的利用程度,反映经济结构和能源利用效率的变化。要实现工业转型升级,实现创新驱动发展,需要在工程教育过程中贯穿可持续发展的理念。近些年来中国 GDP 能耗始终高于世界平均 GDP 能耗,这实际上是中国以资源消耗为核心的粗放型经济发展模式缩影。粗放型经济增长方式是指在生产技术水平较低的条件下,主要依靠增加资金、人力、物力等生产要素的投入量来提高产量或产值实现经济增长。现阶段我国经济发展方式存在的主要问题表现在以下几个方面:一是高投入。我国经济的快速增长在一定程度上是依靠资金、劳动力和自然资源等生产要素的粗放投入实现的。二是高消耗。我国经济的快速增长在很大程度上是靠消耗大量物质资源实现的。三是高排放。高消耗换来的高增长,必然是高排放和高污染。四是难循环。从资源流程和对环境影响的角度考察,我国基本上还没有摆脱传统模式,即由"资源—产品—废弃物"的单向线性过程向"资源—产品废弃物—再生资源"的反馈式循环过程的转变还有很大距离。五是低效率。高投入、高消耗、高排放、不协调、难循环的增长,必然是低效率。从以上情况可以看出,尽管近年来我们一直强调要转变经济发展方式,但要从传统的粗放型经济增长转变为以现代技术为核心的集约型经济增长还有很长的道路要走。

(十) 企业规模与创新能力的关系

中国企业500强数量的增长,是中国经济不断成长的一个重要标志。纵向比较,中国500强企业的规模实力、经济效益、创新能力确实都在明显增强。数字显示,中国的优势在于世界500强企业数量、制造业增加值、高科技产品出口比例,这三项指标在六国之中排名第一。2020年,中国世界500强企业为133家,首次超越美国,成为全球拥有500强企业最多的国家。但具体分析来看,在500强中,按盈利能力排名,前10位多为银行业和国有垄断企业;此外,尽管我国已经成为世界500强企业的第二大来源地,但在世界知名品牌的培育上建树不多。目前来看主要存在三大问题:一是近些年来我国研发经费投入强度大幅增加,2019年的研发经费投入强度为2.23%,与世界500强企业的平均研发投入强度3%~5%相比仍有一定的差距;二是我国企业参与技术创新成果转化的动力也显不足,中国的科技成果转化率仅为10%左右,远低于发达国家40%的水平;三是专利技术交易率只有5%,真正实现产业化则不足5%,我国大量企业以引进技术、组装生产为主,技术对外依存度高达50%以上,出口产品增加值和技术含量不高。总的来看,在对未来发展具有关键、颠覆性影响的重大技术创新上,欧美国家的领先优势和我国的弱势地位形成鲜明对比。这就要求必须提高工程科技人才的创新能力。

第九章 主要结论与政策建议

一、加快推进教师队伍建设

推进高水平的教师队伍建设是提升我国工程教育国际竞争力的关键环节。未来我国工程教育发展需要一支在知识、能力、经历、素质等方面均能够胜任新工业革命要求和培养卓越工程科技人才的教师队伍。在教师队伍建设上,需要着重考虑新工业革命背景下教师队伍的建设标准、建设路径以及考核评价制度三个维度。

首先,强化工科教师队伍的工程实践背景,从建设标准来看,需要具备以下几个特征:一是在知识结构上,注重了解本学科领域或相关学科领域前沿、新兴或交叉的学科知识,并能够运用到科学研究和教育教学之中;二是在实践经历上,部分负责实践教学的教师需具备3年以上的工业实践经历,并能够与工业界企业保持紧密的合作关系,能够熟练掌握前沿设备运作以及技术应用;三是在教学能力上,注重信息技术与课堂教学的深度融合,在教学理念、教学设计、教学方式以及教学策略全面提升已有一定水平;四是在思想引领上,注重将立德树人的教育理念贯穿到工程科技人才的培养全过程中。

其次,从具体建设路径来看,要注重师资队伍建设的系统长远规划,注重教师队伍的年龄结构的梯次性、知识结构的多元性、学科专业的交叉性、工作经历的丰富性等多重因素。此外,还要特别注重为新入职的青年教师提供更为广泛的职业发展与晋升空间,不断提升其职业胜任力和综合素养。

最后,从教师考核评价来看,要着重两点:一是考核评价标准是基于本学科的发展状况和自身特点,在教学、科研、人才培养和社会服务等方面制定有弹性的标准体系,而不应采用"一刀切"的标准体系;二是注重考核评价的全过程管理,特别是要在评价反馈环节帮助绩效考核不佳的教师找出自身存在的问题,以找到切实可行的解决办法。需要特别注意的是,考核评价制度不应沦为对教师计件工作量的考核,不能让新教师在短期内出大量成果上疲于奔命,而是应该立足教师未来的长远发展,在其能力、素质和技能的提高上提供切实可行的制度性保障。

二、全面提升学科专业建设水平

学科专业建设水平是影响工程教育国际竞争力的基础单元。在新工业革命带来的机遇与挑战下,未来的工程教育学科专业建设应该聚焦于三点:一是明晰工程学科专业发展目标;二是创新工程学科建设的组织方式;三是学科动态调整机制逐步形成[①]。首先,从学科专业发展目标来看,应该主动对接国家或地方经济发展战略需求,满足日益复杂知识生产的变革形势,致力于培养大批能力素质高、创新思维强、技术运用熟的复合型工程科技人才。其次,从学科组织结构形式来看,未来的学科专业机构必然会形成传统院系与跨学科研究中心并行的跨学科矩阵型的组织结构形式。在这种组织结构形式下,首先从内部来看,由于知识生产复杂程度日益增加,院系与研究中心之间的协同程度会大大增强,这在人工智能、虚拟现实、量子信息技术、生物技术以及大数据技术等多个领域体现得最为明显;其次从外部来看,院校与企业、政府以及科研院所的联系紧密程度大大增加,多方可以通过资源共享、优势互补来实现"1+1>2"的双赢目标。最后,从学科专业动态调整来看,在新工业革命的影响下,学科专业的调整频率和力度必然会相当程度地增大。动态调整机制的形成一方面是扩大高校办学自主权的表现,另一方面也是经济社会发展的必然结果,这在工业经济的发展中体现得尤为明显。因此,高校要系统掌握产业行业的变化趋势与规律,然后根据变革的经济结构调整与升级,不断调整本学校的学科发展重点与方向,并据此不断调整人才培养方向、教学模式、课程体系和质量保障等内容。

工程交叉学科建设,未来在相当长的一段时间内,需要加强新型交叉学科与传统工科之间的平衡,列出"卡脖子"技术分级任务清单,在攻关需求生成、谋划方向重点、制定技术策略、论证拟制规划计划等方面为创新主体提供精准

---

① 林健.新工科建设:强势打造"卓越计划"升级版[J].高等工程教育研究,2017(3):7-14.

指引。提高部分学科专业自主培养人才的能力，一步步做好学科的规划与布局实施，避免把新型交叉学科办成不伦不类的状态。同时，如何能够把下一代技术掌握在自己手上，必须自主创新，结合教育部的"强基计划"开展挑战性学习，灵活学制，根据核心领域及交叉学科的特点，学制可在四年制基础上适当增减，同时做好跨学科人才的本研贯通培养。

三、加快完善政产学研合作机制

政产学研合作机制是提升工程教育国际竞争力的有效路径。高等院校作为高等教育的主要载体，承载着人才培养、科学研究、社会服务、文化传承以及国际交流与合作的重要历史使命。"第四次工业革命和可持续发展战略的目标对工程教育提出了更多更高的要求"，工程教育既要适应当前我国社会经济结构调整的需要，又要注重引领前沿科学技术的发展。因此，这就要求高校走出传统的象牙塔，汇集政府、企业以及科研院所的多方资源，发挥其协同优势，创建符合多元工程科技人才培养趋势的政产学研合作机制。首先，政府部门要注重顶层设计，政策引导，调整工程教育的发展速度、规模、结构以及质量；同时要做好工程教育发展的服务工作，引导其他利益相关主体打破高校、行业以及区域之间的界限与分割，鼓励其多种形式的充分合作。其次，企业要利用其资源优势，协同推进工程教育变革。企业在工程科技人才培养拥有无可比拟的优势，诸如大批实践经验丰富的一线工程师、拥有最为前沿的工程技术设备和技术、拥有最真实的工程实践环境、能够灵敏感知对工程人才素质变革的需求以及以解决工程实践问题为导向的企业文化等。因此，企业要充分发挥自身条件优势，与高校积极建立多种形式的合作平台和研究中心，为学生综合能力的培养提供更加优势的资源，以推动企业和高校的双赢发展。再次，高校要响应国家战略调整和行业产业变革需要，通过积极调整学科专业和人才培养机制，与企业、政府和科研机构建立更加稳定、多样的合作形式，为不断提升高校的综合竞争力奠定坚实基础。最后，社会力量要积极发挥有效支撑作用，为高校工程教育改革提供更加多维的支持。目前社会力量参与包含工程教育在内的教育改革的方式尚比较单一，其主要表现多以社会捐赠为主，很少能真正参与到学校人才培养改革之中。因此，如何发挥社会力量在工程教育改革中的作用对提升我国工程教育竞争力的作用不可忽视。

深入落实产教融合建设行动。与国家发改委联合打造国家产教融合研究生联合培养基地,带动国家、地方、学校三级基地建设;推动行业企业全方位参与人才培养,完善产教融合联合培养质量评价机制。加强针对不同区域、不同类型产业的差异化、精准化供给,加快确立整合型政策的主导地位,全面化解竞争型政策的掣肘影响,推动形成强大的攻关合力。充分构建校企合作的创新场域:灵活自主创新的管理机制,突破现有的管理机制,集中举国体制优势和集中力量办大事的优势,针对核心技术难题设立非竞争性项目机制,从国家顶层设计到各单位协同攻关,统筹使用和配置关键领域的核心人才资源等。科技成果转化是实现从科学到技术、从技术到经济"并驾齐驱"支撑高质量发展的"关键环节"。必须加快创新成果转化应用,彻底打通关卡,破解实现技术突破、产品制造、市场模式、产业发展"一条龙"转化的瓶颈。

政产学研的基本目标在于协同多元利益主体关系,发挥协同育人优势,进而形成生产、学习、科学研究、实践运用的系统协作,有效提升工程科技人才培养的效率与质量。

四、持续加强国际交流与合作

国际交流与合作是提升工程教育国际竞争力的强力支撑。首先,需要建立工程教育国际化的办学理念与长远规划。从目前来看,我国高校普遍未制定系统、科学的工程教育国际化的战略规划,这就在制度层面上决定了我国在工程教育国际化程度层面远不及欧美等发达国家。美国的众多研究型大学在很早就确立了国际化办学的目标,例如,MIT 的"塑造世界公民"的发展战略、密西根大学提出了"为全世界服务"的办学目标,宾夕法尼亚州立大学则推出了"全球校园"的战略布局,华盛顿大学的培养目标增加了"国际理解和交流"等。因此,建立工程教育国际化的战略规划对我国众多高校已是重中之重。当然,由于当前我国包括理工类学校在内的众多高校的历史积累和自身特色不同,工程教育国际化水平体现的结构、类型和层次也就必须有所差异,这就需要大学校长及管理人员必须根据新工业革命的挑战及国家发展战略需求,并结合学校的工程教育发展水平,制定切实可行工程教育发展短期以及中长期目标规划。规划应该涵盖衡量国际化水平的多种要素,诸如办学理念、师资队伍、生源构成、学科调整、文化氛围、人才培养以及课程体系,等等。

其次,推进工程教育国际交流与合作的有效着力点在于发展留学生教育和开展中外合作办学等两个方面。一是留学生教育作为衡量包括工程教育在内的高等教育国际化水平的重要参考指标,能通过与不同国家留学生的思想交流、科技互动以及文化融合,有效促进工程教育方法、内容、手段和模式的改革,大幅提高我国的工程教育国际竞争力。目前,从数量来看,世界一流大学留学生的比例一般都在20%以上,而我国的研究型大学普遍远低于这一比例。比如,数据显示,北京大学、清华大学留学生比例分别仅占8.1%和6.2%左右。此外,从结构来看,来华留学生结构相对单一,多数由来自亚非拉国家的学生构成,来自欧美等发达国家的比例尚有很大提升空间。因此,对于我国大学特别是双一流高校来说,如何进一步优化留学生结构和提高留学生比例均是亟待解决的核心议题。二是作为引进国际优质工程教育资源的重要途径之一,中外合作办学可以使我国大学将国际上通行并实践的工程教育办学模式、师资培训、教学与课程改革、合作教育机制以及质量保证措施等方面的经验实现有效融合,但目前在境外优质教育资源引进、健全法律法规、区域多元分布、专业动态调整以及语言沟通障碍等方面尚存在诸多挑战。同时,2020年世界范围内面临突如其来的疫情,致使很多国际交流中断。因此,要想推动国际合作的长远健康发展,需更加借助民间力量,以及大学在国际交流合作中的缓冲器稳定器的作用,防止硬脱钩现象,科学、有效应对不断变化的多重挑战和不确定的危机显得尤为重要。

五、全面提高质量保障能力

工程教育质量保障体系是提升工程教育国际竞争力的有效载体,随着质量保障体系逐步建立,质量保障能力问题应该引起高度重视。专业认证作为全球各国工程教育质量保障的核心方式和有效工具,其关键目的是促进工程教育质量提升,提高专业自我改进的能力。第一,在充分理解《华盛顿协议》实质等效的前提下,要统筹考虑不同学科门类的差异和特色,制定符合各学科发展特色和自身属性的专业认证标准制度;同时,要针对不同层次高校工程教育发展实力的差异,制定有弹性的认证标准系统。第二,应该考虑逐步构建本-硕贯通性认证标准体系。对于目前我国发展实际来说,工程类硕士生在校培养数量和基数同样庞大,同样应该建立一整套认证标准体系。但需要注意的是在认证标准的设计中,要着重考虑本科与硕士培养的连贯性问题。第三,要主动加强与工业界、行业协会的联系。目前,我国专业认证制度自实施以来,并未得到工业界和行业协会的高度认可,两者参与程度也相对较低。因此,未来在积极推进市场化专业认证机构建设的同时,要努力提升工业界和行业协会对专业认证制度的参与度和认可度。第四,推进工程教育专业认证制度与注册工程师制度的有效衔接。目前,借鉴英美等发达国家经验,主要有两种行之有效的方式:一是建立兼具专业认证和工程师注册两种职能的综合机构;二是两种职能分别由两个机构执行,但两者之间要建立稳定的合作机制。第五,要建设一支数量可观、结构合理、质量较高的认证专家队伍以保证专业认证质量科学、公开与透明。

推动工程资格的国际互认,是中国深度参与全球科技治理和承担全球治理责任的现实需要。随着我国综合国力的日益增强以及国际影响力的逐步扩大,在世界舞台上承担着更多的国际责任和义务,社会团体组织在参与治理变革体系中日益发挥重要作用。推动工程师资格国际互认,是充分协作发挥民间组织在人才交流合作方面的制度优势,激发广大工程技术人员参与工程领域全球治理的实践探索,有利于提升我国在世界工程领域的话语权和影响力,更好地传播中国故事,贡献中国智慧和中国方案。大国工程科技竞争加剧,"一带一路"工程师流动需求十分迫切。随着"一带一路"建设进入高质量发展阶段,跨国的工程技术项目进一步增加了工程师国际流动的需求。由于我国的工程师资格制度未能与国际完全接轨,大多数国内工程师的资格难以得到国际承认,进而导致在涉外工程项目中,中国工程师承担了大量工作却得不到国际认可的签字权。实现工程师资格的国际互认,是中国成为工程科技强国的必备条件。从全球范围内看,工程师资格国际互认尚面临教育体系内在不一致、国际话语权争夺、劳动力市场保护等诸多挑战。中国必须加快工程师资格互认的步伐,这不仅是中国工程和工程师走出去的需要,也是中国成为工程科技强国的不可缺少的一环。

六、持续加强教育经费投入力度

我国教育经费投入与发达国家仍然有不小差距。工程教育是高消耗资源的教育,其经费的持续有效投入是提升工程教育国际竞争力的关键物质基础。首先,必须进一步优化工程教育经费资源配置方式。政府要兼顾工程教育经费的投入效率与公平,建立科学、合理和以能力贡献为导向的评价机制。其次,要加强工程教育经费的有效供给总量。目前,应该首先保持"两个增长"不动摇,即财政性教育经费支出占国民生产总值的比例持续增长和财政支出总额中教育经费所占比例持续增长。从近期对比数据来看,我国包括工程教育在内的教育经费投入尚处于低位运行。因此,持续加强工程教育经费的有效供给已迫在眉睫。最后,调整工程教育经费供给结构,建立多元化的工程教育经费筹集渠道。目前,除积极拓展包括企业的社会捐赠渠道以外,高校要着重提升工程教育的科技成果转化效率。目前,发达国家科技成果转化率普遍在40%左右,而我国目前仅为10%左右。所以未来我国必须有效提升高校工程科技成果转移转化能力,支持高校与企业、科研院所成立产业技术创新联盟、新型研发机构等协同开展成果转化,进而有效提升高校自身办学效益。长远来看,科技成果转化率的提升无形中也会使企业加大对高校改革的资源投入力度,实现高校与企业的双赢发展。

总之,改革开放40多年来中国经济社会得到了诸多发展,工程教育成绩斐然,如何在更长远的视角对工程教育的过去和现在,甚至未来的预见,做一些判断和研究,更为有意义。尤其是面向国家重大战略需求,从潜在威胁角度来看,分析我国竞争力还存在哪些不足,在未来人才培养体系、教育革新体系中如何更好发挥的作用,亦是课题组下一步的研究重点。

附录一　各维度原始数据

维度一：入学机会与大学表现 Accessibility in Higher Education

附表 1　高等教育在校生总规模

年份＼国家	中国	美国	英国	日本	德国	俄罗斯
2019	48 442 922					
2018	44 935 169					
2017	44 127 509	19 014 530	2 431 886	3 853 034	3 091 694	531 586
2016	43 886 104	19 288 424	2 387 280	3 846 927	3 043 084	535 218
2015	43 367 394	19 531 727	2 330 334	3 845 395	2 977 781	541 653
2014	41 924 198	19 700 221	2 352 933	3 862 460	2 912 203	578 706
2013	34 091 290		2 386 199	3 862 749	2 780 013	618 157

数据来源：联合国教科文组织统计研究所 http://data.uis.unesco.org

附表 2　高等教育毛入学率

年份＼国家	中国	美国	英国	日本	德国	俄罗斯
2019	51.60%			82.60%		
2018	51.00%			81.50%		
2017	45.70%	88.17%	60.00%	80.60%	70.00%	82.00%
2016	42.60%	89.00%	58.00%	80.00%	70.00%	81.00%
2015	40.00%	89.00%	56.00%	79.80%	68.00%	80.00%
2014	37.50%	89.00%	57.00%	80.00%	66.00%	78.00%

数据来源：世界银行 https://data.worldbank.org/indicator/SE.TER.ENRR

附表3　高等工程教育在校生占比

年份\国家	中国	美国	英国	日本	德国	俄罗斯
2019	33.58%					
2018	33.54%					
2017	33.43%	7.69%	9.11%		20.38%	21.56%
2016	33.33%	7.07%	9.41%		20.74%	22.16%
2015	33.28%	7.06%	9.31%		21.04%	21.54%
2014	33.22%	7.65%			21.00%	25.63%
2013		7.61%			20.71%	25.99%

数据来源：OECD 数据网站、中国教育统计年鉴 https://data.oecd.org/students/tertiary-graduates-by-field.htm

附表4　高等工程教育毕业生百分比

年份\国家	中国	美国	英国	日本	德国	俄罗斯
2019	33.33%					
2018	33.42%					
2017	33.42%				21.62%	22.57%
2016	33.10%	6.93%	9.14%		22.03%	22.93%
2015	33.33%	6.72%	9.15%		22.34%	21.86%
2014	33.40%	7.04%	8.83%			
2013	33.51%	6.92%	8.99%			21.41%

数据来源：OECD 数据网站、中国教育统计年鉴 https://data.oecd.org/students/tertiary-graduates-by-field.htm

附表5　国际学生流动数(净流量)

年份\国家	中国	美国	英国	日本	德国	俄罗斯
2018	-815 096	902 964.653	413 093	150 845	189 200	204 784
2017	-771 257	898 301.608	399 198	132 576	135 912	193 860
2016	-730 792	887 433.02	397 503	111 808	126 487	186 255
2015	-696 728	826 691	399 354	101 423	111 658	168 993

续表

年份\国家	中国	美国	英国	日本	德国	俄罗斯
2014	-662 567	764 421	398 661	98 803	92 044	157 396
2013	-623 027	708 777	388 074	102 376	76 110	
2012	-609 543	668 419	401 085	117 117		122 766
2011	-573 536	639 076	391 089	115 581		114 280

数据来源：联合国教科文组织统计研究所 http://data.uis.unesco.org/

附表6 THE Top 500 高校数量

年份\国家	中国	美国	英国	日本	德国	俄罗斯
2020	17	121	58	13	40	5
2019	14	123	55	13	44	4
2018	11	125	59	10	43	8
2017	12	120	58	12	39	8
2016	11	122	58	11	36	7

数据来源：泰晤士报大学排行
https://www.timeshighereducation.com/world-university-rankings/2020/world-ranking#!/page/0/length/25/locations/PT/sort_by/rank/sort_order/asc/cols/stats

附表7 THE Top 100 高校数量

年份\国家	中国	美国	英国	日本	德国	俄罗斯
2020	3	40	11	2	8	0
2019	3	41	12	2	8	0
2018	2	43	15	2	9	0
2017	2	41	12	2	9	0
2016	2	39	16	2	9	0

数据来源：泰晤士报大学排行
https://www.timeshighereducation.com/world-university-rankings/2020/world-ranking#!/page/0/length/25/locations/PT/sort_by/rank/sort_order/asc/cols/stats

附表 8　ARWU Top 500 高校数量

年份＼国家	中国	美国	英国	日本	德国	俄罗斯
2020	71	133	36	14	30	1
2019	58	137	36	14	30	4
2018	51	139	39	16	36	4
2017	45	135	38	17	37	3
2016	41	137	37	16	38	3
2015	32	146	37	18	39	2

数据来源：世界大学学术排行榜 http://www.shanghairanking.com/arwu2019.html

附表 9　ARWU Top 100 高校数量

年份＼国家	中国	美国	英国	日本	德国	俄罗斯
2020	6	41	8	3	4	3
2019	4	44	7	3	4	1
2018	3	46	8	3	4	1
2017	2	48	9	3	4	1
2016	2	50	8	4	3	1
2015	0	51	9	4	4	1

数据来源：世界大学学术排行榜 http://www.shanghairanking.com/arwu2019.html

附表 10　THE 工科 Top 100 高校数量

年份＼国家	中国	美国	英国	日本	德国	俄罗斯
2020	8	37	9	4	6	0
2019	9	35	8	4	6	0
2018	8	29	10	5	6	0
2017	7	34	11	4	6	0
2016	6	30	9	5	5	1

数据来源：泰晤士报大学排行
https://www.timeshighereducation.com/world-university-rankings/2020/subject-ranking/engineering-and-IT#!/page/0/length/50/locations/IL/sort_by/rank/sort_order/asc/cols/stats

维度二：教育资源可获得性 Availability of Educational Resources

附表 11　国家 GDP 总量（百万美元）

年份\国家	中国	美国	英国	日本	德国	俄罗斯
2019	14 342 903	21 427 700	2 827 113	5 081 770	3 845 630	16 99 877
2018	13 894 817	20 580 223	2 860 668	4 954 807	3 949 549	16 69 583
2017	12 310 409	19 485 394	2 666 229	4 866 864	3 665 804	1 574 199
2016	11 233 277	18 707 188	2 694 283	4 922 538	3 466 790	1 276 787
2015	11 061 553	18 219 298	2 928 591	4 389 476	3 360 550	1 363 481

数据来源：世界银行 https://data.worldbank.org.cn/indicator/NY.GDP.MKTP.CD

附表 12　人均 GDP（美元）

年份\国家	中国	美国	英国	日本	德国	俄罗斯
2019	10 261.70	65 118.40	42 300.30	40 246.90	46 258.90	11 585.00
2018	9976.70	62 840.00	43 043.20	39 159.40	47 639.00	11 370.80
2017	8879.40	59 957.70	40 361.40	38 386.50	44 349.60	10 720.30
2016	8147.90	57 927.50	41 064.10	38 761.80	42 098.90	8704.90
2015	8066.90	56 822.50	44 974.80	34 524.50	41 139.50	9313.00
2014	7678.60	55 047.70	47 425.60	38 109.40	47 960.00	14 095.60
2013	7050.60	53 117.70	43 444.50	40 454.40	46 285.80	15 974.60

数据来源：世界银行 https://data.worldbank.org.cn/indicator/NY.GDP.PCAP.KD

附表 13　国家 GDP 世界排名

年份\国家	中国	美国	英国	日本	德国	俄罗斯
2019	2	1	6	3	4	11
2018	2	1	5	3	4	12
2017	2	1	5	3	4	12
2016	2	1	5	3	4	12
2015	2	1	5	3	4	12

数据来源：世界银行 https://datacatalog.worldbank.org/dataset/world-development-indicators

附表 14　教育投入占 GDP 比例

年份 \ 国家	中国	美国	英国	日本	德国	俄罗斯
2019	4.0418%					
2018	4.1100%					
2017	4.1400%					
2016	4.2200%		5.4870%	3.1862%	4.8009%	3.7430%
2015	4.2600%		5.6094%		4.8052%	3.8337%
2014	4.1500%	4.9618%	5.6650%	3.5906%	4.9209%	4.0124%
2013	4.3000%	4.9311%	5.5882%	3.6654%	4.9350%	3.7562%

数据来源：世界银行、中国教育统计年鉴 http://www.moe.gov.cn/jyb_sjzl_jizxgg/

附表 15　大专以上教育教师数量

年份 \ 国家	中国	美国	英国	日本	德国	俄罗斯
2018	1 672 800					
2017	1 633 200	1 581 424	156 295	560 123	407 132	597 067
2016	1 602 000		151 211	556 321	402 411	
2015	1 572 600	1 580 932	148 524	549 973	396 223	
2014	1 534 500	1 580 932	151 566	545 477	384 604	

数据来源：联合国教科文组织统计研究所 UIS https://data.uis.unesco.org/

附表 16　互联网普及率

年份 \ 国家	中国	美国	英国	日本	德国	俄罗斯
2018		95.00%	91.00%	90.00%	81.00%	
2017	54.00%	87.00%	95.00%	85.00%	84.00%	76.00%
2016	53.00%	86.00%	95.00%	93.00%	84.00%	73.00%
2015	50.00%	75.00%	92.00%	91.00%	88.00%	70.00%
2014	48.00%	73.00%	92.00%	89.00%	86.00%	71.00%

数据来源：世界银行 https://data.worldbank.org.cn/indicator/IT.NET.USER.ZS?end=2019&locations=CN-US-GB-JP-DE-RU&start=2013

维度三：工程科技人才可雇佣性 Employability in Labor Forces

附表 17 就业人口规模

年份 \ 国家	中国	美国	英国	日本	德国	俄罗斯
2019	67 240	32 694.7685	71 933.0899	42 395.6647	774 710	157 538.0683
2018	66 640	32 354.069	72 531.6399	41 914.5176	775 860	155 761.0495
2017	65 300	31 965.339	72 315.9359	41 663.5742	776 400	153 337.4374
2016	64 400	31 647.747	72 392.6281	41 267.2978	776 030	151 435.9134
2015	63 760	31 197.0955	72 323.6225	40 210.8796	774 510	148 833.5282
2014	63 510	30 671.4028	71 539.0436	39 871.3264	772 530	146 305.3349
2013	63 110	29 953.662	71 391.4596	39 531.358	769 770	143 929.3397
2012	62 700	29 595.6745	71 545.4159	39 126.4899	767 040	142 469.096
2011	59 760	29 282.1108	70 856.6131	38 787.1581	764 200	139 869.2089

数据来源：世界劳工组织 ILO https://ilostat.ilo.org/data/

附表 18 工业就业人员（占就业总数的百分比）

年份 \ 国家	中国	美国	英国	日本	德国	俄罗斯
2019	27.50%	10.65%	9.14%	15.81%	18.90%	14.26%
2018	27.57%	10.65%	8.94%	16.31%	19.07%	14.09%
2017	28.11%	10.68%	9.15%	16.52%	19.04%	14.18%
2016	28.80%	10.82%	9.47%	16.57%	19.15%	14.04%
2015	29.30%	10.95%	9.59%	16.66%	19.30%	13.98%
2014	29.90%	10.93%	9.81%	16.38%	19.58%	14.21%
2013	30.10%	11.21%	9.75%	16.89%	19.35%	14.47%
2012	30.30%	11.19%	9.80%	16.89%	19.72%	14.66%
2011	29.50%	11.07%	9.76%	16.68%	19.84%	14.62%

数据来源：世界劳工组织 ILO https://ilostat.org/data/

附表 19 研发人员总规模(人年)

年份\国家	中国	美国	英国	日本	德国	俄罗斯
2018	4 381 443.7	—	469 647	896 901	706 557	758 462
2017	4 033 597.2	—	424 510	890 749	686 348.689	778 155
2016	3 878 056.8	—	417 390	872 340	657 893.9	802 317
2015	3 758 847.6	—	413 860	875 005	640 516	833 654
2014	3 710 580	—	396 280.8	895 285	605 252	829 190
2013	3 532 816.8	—	377 342.9	865 523	588 615.029	826 733

数据来源：联合国教科文组织统计研究所 UIS https://data.uis.unesco.org/

附表 20 每百万人口研发人员数(千人)

年份\国家	中国	美国	英国	日本	德国	俄罗斯
2018	3068.99	—	6994.86	7050.99	8499.99	5204.43
2017	2838.52	—	6361.85	6986.12	8303.43	5347.04
2016	2742.52	—	6295.67	6827.78	8004.18	5522.73
2015	2671.82	—	6283.92	6836.77	7831.47	5749.93
2014	2651.45	—	6057.20	6985.21	7430.93	5731.80
2013	2538.16	—	5806.70	6745.34	7251.24	5728.26

数据来源：联合国教科文组织统计研究所 UIS https://data.uis.unesco.org/

附表 21 科技人员可获得性

年份	国家	中国	美国	英国	日本	德国	俄罗斯
2019	Value(0-7)	4.60	5.30	5.10	4.40	4.90	4.50
2019	Score(满分100)	59.7=	72.1↓	67.5↓	56.7↓	65.1↓	58.7↑
2019	Rank/141	41.00	1.00	12.00	54.00	20.00	47.00
2018	Value(0-7)	4.60	5.80	5.20	4.60	5.20	4.40
2018	Score(满分100)	59.7=	79.2↑	69.2↑	60↑	70.1↓	56.4↑
2018	Rank/141	44.00	1.00	8.00	43.00	7.00	53.00

数据来源：世界经济论坛《全球竞争力报告》https://www3.weforum.org/docs/WEF_TheGlobalCompetitivenessReport2019.pdf

维度四：科技创新能力 Innovation in S&T

附表 22　基础研发投入（万）

年份\国家	中国	美国	英国	日本	德国	俄罗斯
2018	30 715 780	96 490 000		22 226 343		
2017	27 653 203	91 453 000		22 411 738		
2016	23 781 409	88 642 000	8 582 630	20 712 580		
2015	20 691 556	83 538 000	7 608 270	20 076 716		5 441 654
2014	17 551 055	82 138 000	7 408 468	20 782 036		
2013	15 703 488	78 572 000	6 984 558	20 788 356		

数据来源：联合国教科文组织统计研究所 UIS https://data.uis.unesco.org/

附表 23　应用研发投入（万）

年份\国家	中国	美国	英国	日本	德国	俄罗斯
2018	61 716 949	114 958 000		33 567 656		
2017	52 421 448	108 810 000		31 906 912		
2016	46 542 976	104 840 000	20 860 625	31 063 083		7 436 336
2015	44 168 025	972 34 000	20 237 547	33 468 001		
2014	40 006 410	91 810 000	18 982 052	33 794 943		
2013	35 912 225	88 249 000	18 955 107	34 363 940		

数据来源：联合国教科文组织统计研究所 UIS https://data.uis.unesco.org/

附表 24　实验研发投入（万）

年份\国家	中国	美国	英国	日本	德国	俄罗斯
2018	461 895 100	368 537 000		113 613 893		
2017	419 024 466	347 622 000		109 190 534		
2016	382 730 455	322 158 000	17 977 562	105 510 629		22 989 682
2015	344 563 069	312 911 000	17 832 646	107 339 633		
2014	314 768 664	301 478 000	17 420 581	107 542 317		
2013	283 608 162	287 145 000	15 592 422	101 812 615		

数据来源：联合国教科文组织统计研究所 UIS https://data.uis.unesco.org/

附表 25 研发投入占 GDP 比例

年份\国家	中国	美国	英国	日本	德国	俄罗斯
2018	2.19%	2.84%	1.72%	3.26%	3.09%	0.99%
2017	2.15%	2.82%	1.70%	3.21%	3.04%	1.11%
2016	2.12%	2.76%	1.68%	3.16%	2.92%	1.10%
2015	2.07%	2.72%	1.67%	3.28%	2.91%	1.10%
2014	2.03%	2.72%	1.66%	3.40%	2.87%	1.07%
2013	2.00%	2.71%	1.64%	3.31%	2.82%	1.03%

数据来源：联合国教科文组织统计研究所 UIS 和世界银行数据计算得来

附表 26 申请专利数

年份\国家	中国	美国	英国	日本	德国	俄罗斯
2018	1 460 244	515 180	56 216	460 369	180 086	30 696
2017	1 306 080	525 467	53 825	460 771	176 405	27 807
2016	1 257 425	522 065	52 902	456 550	177 175	31 833
2015	1 010 524	530 658	53 366	457 949	175 420	33 796
2014	837 814	509 516	52 570	465 971	179 502	28 512
2013	734 093	501 144	51 271	473 140	184 488	34 067

数据来源：世界知识产权组织 WIPO https://www3.wipo.int/ipstats/ips-search/pateut

附表 27 ESI 科技论文（数）

指标\国家	中国	美国	英国	日本	德国	俄罗斯
WOS 论文数	2 926 110	4 121 181	1 044 743	1 108 349	831 122	349 955
引用数	34 190 891	77 233 497	20 341 834	19 888 538	10 875 911	2 645 160
引用/论文数	11.68	18.74	19.47	17.94	13.09	7.56
顶级论文	35 918	74 093	23 269	19 167	7623	2218
高被引论文	35 809	73 971	23 235	19 125	7607	2211
热点论文	1356	1591	642	543	255	122
每万名研发人员论文平均数	6678.42	—	22 245.28	9266.60	15 686.62	4614.01
每万名研发人员论文平均数占比	0.23%	—	2.13%	1.11%	1.42%	1.32%

数据来源：基本科学指标数据库 ESI 及相关指标计算，更新于 2020.7.9

附录一　各维度原始数据

附表 28　每万名研发人员申请专利数

年份 \ 国家	中国	美国	英国	日本	德国	俄罗斯
2018	411.02		10 969.52	16 280.99	6515.67	741.18
2017	437.34		12 378.20	14 662.72	6713.37	691.70
2016	456.87		12 507.85	14 414.39	6939.57	659.37
2015	466.69		12 822.16	11 548.78	7149.69	640.15
2014	483.76		12 857.45	9358.07	7698.79	633.99
2013	522.21		13 280.86	8481.50	8038.19	620.16

数据来源：世界知识产权组织 WIPO 和教科文统计所 UIS 数据计算得来

附表 29　全球创新指数排名

年份 \ 国家	中国	美国	英国	日本	德国	俄罗斯
2020	14	3	4	16	9	47
2019	14	3	5	15	9	46
2018	17	6	4	13	9	46
2017	22	4	5	14	9	45
2016	25	4	3	16	10	43
2015	29	5	2	19	12	48
2014	29	6	2	21	13	49

数据来源：世界知识产权组织 https://www.wipo.int/publications/en/details.jsp?id=4514&plang=EN

维度五：高科技企业与高端制造业水平 High-tech Incorporates and Advanced Manufacturing

附表 30　世界 500 强企业数量

年份 \ 国家	中国	美国	英国	日本	德国	俄罗斯
2020	133	121	21	53	27	3
2019	129	121	16	52	29	4
2018	120	126	20	52	32	4
2017	115	132	23	51	29	4
2016	110	134	25	52	28	5
2015	106	128	28	54	28	5

数据来源：《财富》杂志 https://www.fortunechina.com/fortune500/c/2023-08/02/content_436874.htm

附表 31 制造业的增加值(美元)

国家 年份	中国	美国	英国	日本	德国	俄罗斯
2019	3 896 345 029 239.77		243 114 670 786.70		747 731 728 807.84	222 544 088 563.12
2018	3 868 458 282 950.42	2 173 320 000 000	252 866 386 366.44	1 027 967 141 295.59	805 851 471 718.43	217 523 491 261.19
2017	3 460 325 797 478.84	2 173 319 535 000.00	239 432 918 823.05	1 011 711 724 282.02	753 767 338 507.06	193 827 583 399.67
2016	3 153 117 616 073.44	2 080 660 512 000.00	245 126 319 255.72	1 020 385 521 042.38	719 141 303 141.60	149 387 640 111.31
2015	3 202 505 018 065.03	2 116 235 920 000.00	272 370 684 296.91	913 595 688 635.52	684 785 518 990.55	168 840 117 314.27
2014	3 184 235 114 106.20	2 039 368 688 000.00	287 297 166 828.72	957 049 502 678.54	785 499 345 002.80	233 427 028 925.93
2013	2 935 340 069 079.05	1 981 753 561 000.00	266 949 388 435.16	1 002 078 388 792.51	743 756 450 829.00	253 485 789 567.52
2012	2 690 090 775 153.27	1 919 702 813 000.00	253 342 963 196.92	1 223 988 502 003.01	710 987 471 817.17	252 083 265 893.60
2011	2 421 372 746 266.35	1 857 682 037 000.00	251 707 613 096.03	1 210 908 516 609.23	757 606 199 809.74	234 686 770 392.67

数据来源:世界银行 https://data.worldbank.org.cn/indicator/NV.IND.MANF.ZS

附表 32 高科技出口(占制成品的百分比)

国家 年份	中国	美国	英国	日本	德国	俄罗斯
2019		19.091 119 4	23.414 504	16.982 864 3	16.368 226 6	
2018	31.437 802 7	18.895 635 4	22.643 137 4	17.267 689 3	15.777 962 4	10.963 008 1
2017	30.887 396 5	19.691 512 9	23.135 110 9	17.560 463 8	15.856 303 5	12.195 455 9
2016	30.249 936 8	23.013 323 8	23.983 136	17.339 837	18.218 589 8	16.281 609 6
2015	30.426 956 8	21.945 105 1	22.671 572 5	18.070 039	17.893 041 9	16.412 745 3
2014	29.699 619 9	20.996 267 4	22.471 363 6	17.788 500 8	17.290 729 4	12.195 631 7
2013	31.584 674 7	20.651 684 7	23.876 527 9	17.821 790 9	17.395 167 4	10.762 009 8
2012	30.859 524 7	20.659 932 1	23.800 084 9	18.302 719 5	17.358 16	9.204 826 95
2011	30.499 050 4	21.067 658 7	23.578 344 3	18.431 337 8	16.449 023 4	8.510 197 8

数据来源:世界银行 https://data.worldbank.org.cn/indicator/TX.VAL.TECH.MF.ZS? view=chart

附录一 各维度原始数据

附表 33 GDP 单位能源消耗

年份\国家	中国	美国	英国	日本	德国	俄罗斯
2015	5.3	8.600 359 75	16.246 176 5	11.571 324 6	13.414 125 4	5.4
2014	5.328 043 56	8.231 734 24	15.924 866 1	11.280 536 2	13.433 404 4	5.371 327 57
2013	5.036 703 13	8.158 429 18	14.533 916	10.918 786 2	12.659 662 5	5.200 850 88
2012	4.824 453 52	8.105 966 31	14.065 421 3	10.780 690 1	12.844 163 6	5.034 410 26
2011	4.642 693 87	7.806 596 73	14.289 188 1	10.389 213 4	12.838 151 3	4.960 699 27

数据来源：世界银行 https://data.worldbank.org.cn/indicator/EG.GDP.PUSE.KO.PP.KD?view=chart

附表 34 工程专利申请数（居民+非居民）

年份\国家	中国	美国	英国	日本	德国	俄罗斯
2018	1 542 002	597 141	20 941	313 567	67 898	37 957
2017	1 381 594	606 956	22 072	318 481	67 712	36 883
2016	1 338 503	605 571	22 059	318 381	67 899	41 587
2015	1 101 864	589 410	22 801	318 721	66 893	45 517
2014	928 177	578 802	23 040	325 989	65 965	40 308
2013	825 136	571 612	22 938	328 436	63 167	44 914
2012	652 777	542 815	23 235	342 796	61 340	44 211
2011	526 412	503 582	22 259	342 610	59 444	41 414

数据来源：世界银行 https://data.worldbank.org/indicator/IP.PAT.NRES?view=chart

附表 35 工程专利申请数（非居民）

年份\国家	中国	美国	英国	日本	德国	俄罗斯
2018	148 187	312 046	8076	59 937	21 281	13 031
2017	135 885	313 052	8771	58 189	19 927	14 106
2016	133 522	310 244	8183	58 137	19 419	14 792
2015	133 612	301 075	7934	59 882	19 509	16 248
2014	127 042	293 706	7844	60 030	17 811	16 236
2013	120 200	283 781	7966	56 705	15 814	16 149
2012	117 464	274 033	7865	55 783	14 720	15 510
2011	110 583	255 832	6916	55 030	12 458	14 919

数据来源：世界银行 https://data.worldbank.org/indicator/IP.PAT.NRES?view=chart

附表36　工程专利申请数(居民)

年份\国家	中国	美国	英国	日本	德国	俄罗斯
2018	1 393 815	285 095	128 65	253 630	46 617	24 926
2017	1 245 709	293 904	13 301	260 292	47 785	22 777
2016	1 204 981	295 327	13 876	260 244	48 480	26 795
2015	968 252	288 335	14 867	258 839	47 384	29 269
2014	801 135	285 096	15 196	265 959	48 154	24 072
2013	704 936	287 831	14 972	271 731	47 353	28 765
2012	535 313	268 782	15 370	287 013	46 620	28 701
2011	415 829	247 750	15 343	287 580	46 986	26 495

数据来源：世界银行 https://data.worldbank.org/indicator/IP.PAT.RESD?view=chart

附录二　基于共同体准则的治理
——工程教育认证的理论源流与实践走向*

乔伟峰　王玉佳　王孙禺

　　世界工程教育认证体系经历了一百年的演化史。美国是世界上最早有组织地开展工程教育认证的国家，正式的课程认证可以追溯到1922年的化学工程师学会（Prados et al.，2005，p. 166），并逐渐扩散到其他领域和其他国家。当前学术界通常认为，工程教育认证体系的基础是学生中心、成果导向和持续改进。事实上，这三者只是晚近时期才被工程教育认证体系所逐渐吸收的理念。工程教育认证体系的历史长河是多源汇聚的结果，至少有四点值得引起注意：一是在理论上受到了教育目标分类学与掌握式学习的深刻影响，二是在方法上从智力测验转向学习成果和胜任力测量，三是在本质上确立了准则参照的基本评价取向，四是在制度上实现了认证准则体系化与认证组织网络化。

一、理论起源：教育目标分类学与掌握式学习

　　工程教育认证虽然是工程教育这一特定领域的评估方式，但是其基本原理可以追溯到现代教育评估奠基者之一拉尔夫·泰勒（Ralph W. Tyler）的先锋性工作。泰勒使用教育评估（Education Evaluation）这一概念来区别于传统的纸笔测验，提出课程与教学的四个基本问题："学校应寻求达到什么教育目

＊ 本文原载《华东师范大学学报》（教育科学版）2022年第8期。

的？可以提供哪些可能达到这些目的的教育经验？如何有效地组织这些教育经验？如何确定是否实现了这些目的？"（Tyler，2013）对这些基本问题的回答、实践和辩论，一直延续至今。从20世纪50年代开始，泰勒的学生兼助手布鲁姆（Benjamin S. Bloom）及其合作者、后继者们，陆续提出认知领域、情感领域、动作技能领域的教育目标分类。教育目标分类学的建立为教育评估原理走向实际操作奠定了关键基础。

如果将教育目标分类学看作教育领域的"元素周期表"，是学校系统结构化设计课程体系的操作性依据，那么掌握式学习理论（Leaning for Mastery）则为工程教育认证奠定了教育观基础。布鲁姆与其合作者在对学生学习的个体差异进行了一系列研究后，对学校评估评分系统提出质疑，认为传统课堂的学生学业成就的正态分布并不是天然合理的。学生的学习方式和学习能力固然存在差异，但教师以相同时间和方式来教授所有学生的做法本身就存在问题。他主张，教师使用评估工具的目的，不仅要评价学生学到了什么，还要进一步诊断和发现学生的学习困难，调整指导策略，鼓励和帮助学生改进学习。他相信，只要将注意力聚焦在学生学业成就获得的过程与实际结果上，给学生更多的时间，通过多样化的教学和差异化的指导，每个学生都能够学好，最终"全部学生，或许超过90%的学生都能掌握教师所教的内容"（Bloom，1968）这种观念与中国古代的"因材施教"的教育思想有相通之处。

"掌握式学习"相信人人皆可取得学业成功，提倡差异化教学。这种观点反驳了传统的竞争性、单一化的教育观，直接促进了成果导向教育观的形成。对此，美国学者斯派迪（William G. Spady）在1981年的《成果导向的教学管理：社会学的视角》一文中开宗明义地指出，"在过去的十年中，美国的公立学校中兴起了一项运动，那就是建立教学体系。这些教学体系对社会期待做出了承诺，即支持几乎全部学生达到预期的学习目标。这些方法被称为'掌握式学习''个性化指导的教育'和'基于胜任力的教育'，其共同指向是'学习成果'，而非常规的教学安排。这些体系采用了以成果导向为特征的方法和程序，构成了教学实践和学生进步的基本操作原则"（Spady，1982）。

二、方法转向：测量学习成果和胜任力而非智商

但是，成果导向教育最初是缺乏操作性的。成果导向教育的真正含义是什么，为什么需要它，它是如何运作的，这些问题一直缺乏一个明确的、有思想

深度的解释(Spady,1994)。1994年,美国学校管理者协会(AASA)出版和推广了斯派迪的《成果导向的教育》一书。斯派迪在这本书里既讨论了成果导向教育的系统性问题,也讨论了课程与教学设计的操作细节。归纳起来,大致有以下几个方面(Spady,1994):第一,对教育体系逻辑起点的看法。课程、教学和评估不是固定和僵化的,而是灵活可变的手段,目的是服务于学习目标。相对而言,传统的教育体系中,课程结构大部分被提前确定,并不会针对所有学生的预期成果来组织课程。而成果导向的教育体系应建立在定义清晰的最终成果框架之上,围绕最终成果来设计课程、实施教学、开展评估,促进关键成果的取得。第二,对教学时间的看法。传统教育体系主要围绕教学日历展开,时间安排僵化,甚至可能限制学生的学业成功。在成果导向教育体系中,时间也被看作可变的资源,根据教师和学生的需求而调整。时间可以被合理限制,更要被充分运用,关键是照顾到所有的学习者,由于有的学生学习节奏快些,而有的慢些,教学安排要有一定灵活性。第三,对教育标准的看法。在传统的教育体系里,无论多么优秀的群体,成绩也会被评定为不同的等级。成果导向教育体系中,标准要定义清晰并适用于所有学生,并且相信所有学生都有潜力达到,至于给出什么样的评价结果,不设配额限制。第四,对学生表现的看法。成果导向教育体系注重在学生离校前,将学生的学业表现提升到尽可能高的水准。学校要从"宏观"的角度看待学生的学习,持续不断地提高学生毕业前的学习表现,而那些阶段性的表现,甚至是犯错误,都难以避免,都是成长过程,而非最终结果。

总体上,成果导向教育集中反映了教育观的转向。与传统教育观相比,成果导向教育观强调,教育体系要从更为看重教学的时间计划和资源投入,转向更为关注学生的学习成果和最终表现;从以"教"为中心,转向以"学"为中心;从更为对知识学习本身的关注,转向对所学知识的实际运用。这种以学生的最终学习成果为原点,反向设计教学过程的逻辑,显然需要教学管理系统性变革的支持。成果导向教育观引发了高等教育的改革热潮,特别是20世纪80年代以后,一些大规模学习成果评估项目,包括工程教育评估项目,在美国、英国、加拿大等国家陆续出现,并产生了持续和广泛的影响。

需注意的是,早期的成果导向教育主张,带有明显的行为主义色彩,更重视学习者的外在表现,相对忽视学习者心理因素,特别是态度和价值观问题。例如,斯派迪就认为,成果并非价值观、信念、态度、或者是心理状态之类的东西(Spady,1994)。虽然价值观等内在因素较难评价,但是这种只强调学习成果外显性的观点显然极端化了。人们越来越认识到,教育中的价值观问题,不应因不易评价而被忽视,特别是在工程教育、医学教育等关乎人类福祉甚至生死存亡的专业教育领域,尤为如此。此后的工程教育认证体系发展中,越来越强调学生的态度和价值观问题,工程教育实践中也越来越强调伦理教育,也是对这种忽视的不断纠正。

需指出的是,虽然成果导向教育已经成为流行表述,但并非唯一表达,与其相近的还有基于表现的教育(Performance-Based Education)、基于胜任力的教育(Competence-Based Education)[①],等等。其中,基于表现的教育更强调行为方面,而基于胜任力的教育则引入了人类动机分析和职业分析。有学者认为,胜任力这个概念最早可以追溯到中国 3000 年前的官员选拔考试(Anastasi & Urbina, 1997)。1959 年,美国心理学家怀特(Robert W. White)在《动机反思:胜任力的概念》一文中,最早使用 competence 一词指称与绩效激励有关的因素(White, 1959)。麦克利兰(David C. McClelland)关于胜任力测量的观点,延续了其早期关于人类动机的系列研究(McClelland, 1988)。麦克利兰在题为《测量胜任力而非智力》的经典论文中,针对当时盛行的基于纸笔考试的智力测验提出批评。他尖锐地指出,"所谓的智力测验分数与成功之间的许多著名的相关关系,并不能更充分证明智力是一种胜任力要素""智力测验运动正处于将神话般的精英统治固化的严重危险中"(McClelland, 1973)。麦克利兰认为,与智力测验不同,测量胜任力要考虑以下特点:基于标准抽样,关注职业分析;反映学习变化,关注成长过程;公开测量标准,明确职业期待;评估生活成果,关注社会能力。这种区分智力与胜任力的新思路,摆脱了凭借智力测验来判断职业能力的简单路径,将个人特质、职业情境与绩效改进紧密结合起来,为人才评价开辟了一个新方向。之后一大批学者,特别是心理学和管理学学者围绕胜任力的基本构成和测量模型开展了大量研究,并发展了行为事件访谈等方法(McClelland, 1998; Spencer et al., 1994)。胜任力测量是企业人力资源管理的重要转向,深刻影响了工程师胜任力的模型开发和评价实践。当今的工程师培养体系和注册制度,也普遍吸收了胜任力测量的基本思想。

---

① Competency 或 competence 也可译为能力。本文将其译为胜任力,主要是为了避免混淆,因为 ability、capability、capacity 等术语也经常被译为能力,而它们的真实含义有明显差别。

三、准则参照：工程教育认证的本质属性

工程教育认证采用了准则参照的评价方式，从本质上有别于选优评估。无论评估方法和评估过程如何复杂，按照参照点来划分，教育评估主要有两种基本型。第一种是准则参照（Criterion-Referenced）①的评估，第二种是常模参照（Norm-Referenced）的评估。二者的差别在于比较的标准，"准则参照的方法取决于质量的绝对标准，常模参照则取决于相对标准"（Glaser，1963）。前者需要通过与绝对标准的比较来评价学业表现，而无需与其他被评价者进行比较；而后者则需要与其他被评价者进行比较。两种方法各有其优势和局限性，采用何种方法进行评价，取决于评价观和评价目的。一般而言，涉及到能力鉴定、资格达标的评估活动，经常采用准则参照的方法。工程教育认证采用准则参照的方法，与前文所述的布鲁姆质疑学生学业成就正态分布天然合理性，以及相信"全部学生，或许超过90%的学生都能掌握教师所教的内容"等主张是内在一致的。

工程教育认证的准则参照，意味着认证的核心功能是减少信息不对称，是鉴定而不是选拔。认证（Accreditation）的词根是信任（Credit），工程教育认证的重要目的是让学生、雇主和社会可以确信，通过认证的专业符合教育质量标准，该专业的毕业生已经为从事工程职业做好初期准备。为了达到这种确信，合理设定和准确实施认证准则是十分重要的。由于工程教育认证依赖同行专家判断，因此必须有效控制主观偏差，保持评估的一致性。这是工程教育认证始终面临的一大挑战。

工程教育认证的准则参照，意味着准则体系只有具备实质等效性（Substantial Equivalence），才能够相互承认。由于各国的教育制度各异，被认证专业更是千差万别，认证的通用准则必须体现共性基本要求，具有充分的包容性，否则无法实现互认。工程教育互认协议中的实质等效性原则，重在引导拟加入协议的组织以共性要求的"最大公约数"作为最低要求，不断完善本司法管辖区的工程教育认证体系，允许成员组织求同存异，既坚持共性基本要求，又保留自身特点。

---

① Criterion-Referenced 常被译为标准参照，但实践中易与标准化测试中的标准一词混淆，故本处译为准则参照。

工程教育认证的准则参照，还要求教育认证标准和工程师胜任力标准内在衔接。工程职业对知识体系和能力谱系的积累性要求较高。进入到工业化中后期的社会，个体未经过专业化训练，已经很难成为职业工程师。因此持续职业发展（Continuous Professional Development，CPD）是工程师成长必经途径，这决定了在校学习、实践锻炼、独立执业的整个过程具有发展连续性。工程教育认证中的毕业要求（Graduate Attributes）和职业胜任力（Professional Competencies）往往内在贯通，前者是后者的必要准备，后者是前者的制定指南。正因为前述的内在衔接要求，世界上除了设立专门工程教育认证机构的国家和地区外，还有很多国家和地区的工程教育认证标准由工程师学会制定，也就不足为奇了。

四、制度演化：准则体系化和组织网络化

美国早期的工程教育反映了欧洲元素与美国条件的融合，从十九世纪的两个根源演变而来：一是法国发展起来的理工学校系统，以及英国普遍存在的学徒制（Seely，1999）。从美国开始形成的工程教育认证体系，受到工业化进程中的国家竞争力危机、社会对工程教育现状的不满、工程教育范式变革和经济全球化进程的综合影响。在这一过程中，工程教育认证准则逐渐体系化，认证组织也逐渐网络化。就这一历史过程，择其要者简述如下。

经济大萧条下成立专门认证机构。除了 1922 年美国化学工程师学会的早期工作，以及美国工程教育学会（ASEE）的前身工程教育促进会（SPEE）等组织的探索，美国工程教育认证组织的建立还与 1929—1933 年间的经济大萧条有关（Stephan，2001）。时任美国总统罗斯福为复苏经济，实施了一系列"新政"，其中涉及大量的基础建设项目，而这些项目需要工程师来完成。在这样的背景下，提高工程师经济地位的呼声空前高涨，同时也迫切需要有专门机构对院校工程教育项目的质量进行评价。1932 年，工程师专业发展委员会（ECPD）正式成立，即美国工程与技术教育认证协会（ABET）的前身。

工程科学全面进入大学课程。"二战"结束后，物理学的地位空前提升，为了对工程科学的兴起做出回应，美国工程教育认证实践发生了第一次重大转变（Akera et al.，2019）。1951 年，康奈尔大学的霍利斯特（Solomon C. Hollister）同时担任美国工程教育学会（ASEE）主席和工程师专业发展委员会教育委员（ECPD）会主席。他推动 ASEE 成立了一个教育评估委员会，对美国工程教育

状况进行总体评估,其重要目的之一是为 ECPD 开发认证准则提出建议(Akera, 2016)。ASEE 教育评估委员会 1955 年发布《格林特报告》(Grinter Report),提出改进工程教育的十条建议(ASEE, 1955),其中也包括对工程教育认证的建议。由于当时大多数工科课程中还没有纳入工程科学内容,《格林特报告》和 ECPD 认证准则推动了院校工程课程的改革,工程科学知识开始进入工科课程。当然也产生了一些有争议的后果,正如王沛民教授所指出的,"随着美国《国防教育法》的制定、出台与实施,工程教育一步不落地冲进高等教育的科学化大潮,开始轰轰烈烈的工程科学革命。美国工程教育从此在科学化道路上一路狂奔、不可收拾"。(王沛民,2018)

"斯普特尼克时刻"。"二战"后的美苏科技竞争加速了美国的工程教育改革。1957 年 10 月,苏联人造卫星斯普特尼克 1 号(Sputnik-1)成功上天,这一事件对美国的科技界与教育界产生了极大震动。当时人们认为,苏联卫星上天意味着美国"二战"以后奠定的科学技术强国地位正在受到空前威胁,美苏开始进入长达 20 年的太空竞赛。自"斯普特尼克时刻"(Sputnik moment)起,美国社会对重塑教育体系的呼声日益高涨,美国政府出台了一系列科技和教育改革政策,提高科学、技术、工程与数学(STEM)领域的竞争力。

日本和德国制造业的威胁。"冷战"时期,大学工程教育仍然保持着对工程科学的偏好,并持续到 20 世纪 70 年代,似乎顺风顺水。但是,随着日本、德国等国家的制造业快速崛起,美国社会对国家工业竞争力衰落的强烈危机感再次被唤起,工程教育过度科学化的弊端引起关注。同时,进入 80 年代后,美国国内的教育问责与质量保障运动也为教育体统带来空前压力。1980 年,工程师专业发展委员会(ECPD)更名为 ABET,清晰表达了该机构从事工程与技术教育认证的使命。1983 年,美国国家高质量教育委员会(National Commission on Excellence in Education)发表了《国家处于危险之中:教育改革势在必行》报告(NCEE, 1983),美国再次掀起学校重建运动。美国国家研究理事会(NRC, 1985)、美国工程教育学会(ASEE)(David, 1987)、美国国家科学委员会(NSB, 1987)、美国工程院(NSF)(Willenbrock, 1989)、麻省理工学院工业生产率委员会(MIT Commission on Industrial Productivity)(Mowery, 1989)等发布了一系列重要报告,呼吁以实际行动改革工程教育,其中一些重要的理念和建议,通过认证准则嵌入到工程教育认证体系中。

ABET 认证理念和准则的全面转向。1990 年之前的 ABET 认证体系面临着巨大挑战,认证准则和过程繁琐,文牍主义严重,定量化过度,过度重视描述现状却忽视了对项目真实质量的专业判断,引起了工学院长和教授的强烈不满,认证甚至被认为成了工学院的"绊脚石"(Stumbling Block)(Prados et al.,2005,p.168)。普拉多斯(John W. Prados)担任 ABET 主席后,着手重塑认证理念,修订认证准则。其直接影响是,ABET 认证从强调满足课程、资源、教职员和设施标准的检查清单方法,开始转向注重学生学习成果的方法(Volkwein et al.,2004)。1997 年,ABET 正式通过了工程准则(Engineering Criteria 2000,EC 2000),这在当时被认为是认证标准的重要创新。EC 2000 全面吸收了成果导向教育理念,也将工业管理中的质量控制和持续改进方法引入,同时强调教育机构自我评估的重要性。此后,EC 2000 的基本理念经过转化,进入到国际工程联盟(International Engineering Alliance,IEA)的认证体系,对 IEA 成员国家和地区的院校工程教育和继续工程教育产生了广泛和长期影响。

盎格鲁-萨克逊工程教育互认网络的发展。为促进本科工程教育的国际互认,1989 年,ABET 等六个工程教育认证组织发起签署了《华盛顿协议》(WA)。1997 年至 2002 年是商谈和签署国际互认协议较为集中的时期(IEA,2021)。之后,工程教育互认协议和工程师资格互认协议相继签署,包括 2001 年的《悉尼协议》(SA)、2002 年《都柏林协议》(DA)、1997 年的《工程师流动论坛协议》[①]、2000 年的《亚太工程师协议》(APEC Engineer Agreement)、2001 年的《国际工程技术员协议》(IETA)[②]以及 2015 年的《国际工程技师协议》(AIET)。上述六个协议全部采用毕业要求和职业胜任力(GAPC)准则框架,这一框架也构成了国际工程联盟(International Engineering Alliance,IEA)治理的基础。2007 年,国际工程联盟建立了秘书处。至此,起源于美国等英语国家并逐渐网络化扩散的工程教育互认和工程师资格互认体系,本文称为盎格鲁-萨克逊体系,正式形成。[③] 截至 2021 年年底,IEA 伞下的七个国际互认协议,已经涵盖了来自 29 个国家或地区的 41 个司法管辖区的成员组织。2016 年中

---

① 2012 年更名为《国际专业工程师协议》(IPEA)。

② Engineering Technologists 对应《悉尼协议》认可的工程教育项目,本处将 Engineering Technologists 译为工程技术员,Engineering Technician 译为工程技师。

③ 关于 IEA 协定签订的历史细节,参见 A History of the IEA. International Engineering Alliance and its Constituent Agreements: Toward Global Engineering Education and Professional Competence Standards. 2021-08-20. https://www.ieagreements.org/assets/Uploads/Documents/History/IEA-History-1.1-Final.pdf. 第 36-37 页。

国科协代表中国成为华盛顿协议的正式会员,迈出了深度参加国际工程教育治理的重要一步,由于中国工程教育规模庞大,中国的加入也对国际工程联盟提升影响力具有重要促进作用。

欧洲工程教育互认网络的发展。在欧洲大陆,虽然认证的体系化实践出现较晚,但是类似的活动早已开展。1934年法国依法律建立了工程师职衔委员会(Commission des Titres d'Ingénieur,CTI),只有获得CTI资格证书的毕业生才能使用工程师头衔(Augusti, 2009)。当前的欧洲工程教育认证网络(European Network for Accreditation of Engineering Education, ENAEE)是欧洲高等教育体系一体化的产物。随着博隆尼亚进程的实施,欧洲工程界和教育界对加快建立工程教育互认体系,促进工程师流动的需求十分迫切。2000年,欧洲工程职业与教育常设观察站(European Standing Observatory for the Engineering Profession and Education, ESOEPE)成立。在此基础上,2006年,在第一轮欧洲工程教育认证EUR-ACE®项目结束时,14个相关组织发起成立欧洲工程教育认证网络(EANEE, 2021)。在 ENAEE 建立的过程中,欧洲工程师协会联盟(FEANI)和欧洲工程教育学会(SEFI)等组织发挥了重要作用。2007年,欧洲认证 EUR-ACE®体系正式实施。2014年11月,ENAEE 的授权组织正式签订《EUR-ACE®协议》。EUR-ACE®体系同样是基于成果导向理念的,其对学习成果的划分主要基于欧洲工程师协会的"欧洲工程师胜任力框架"(FEAINI, 2013)。ENAEE 目前有21个正式会员和4个准会员(ENAEE, 2022)。截至2021年年底,共向521个学士和硕士学位项目发放了EUR-ACE®标签(ENAEE, 2022)。从数量上看,还是非常谨慎的。IEA 与 ENAEE 有大量的交叉会员,因此两个体系的认证标准必须保持良好的等效性。不同于 IEA 教育认证标准体系主要涵盖学士及以下层次,ENAEE 标准体系也延展到硕士层次。

亚太地区工程教育认证网络的发展。亚太地区是世界上工程活动最为活跃的地区,特别是近年来,在"一带一路"工程项目建设带动下,开展工程教育互认和工程师资格互认的需求日益迫切。亚太工程组织联合会(The Federation of Engineering Institutions of Asia and the Pacific, FEIAP)在区域性工程教育互认机制建设特别是在专家培训方面发挥了重要作用,正在形成 IEA、ENAEE 之外的第三个国际工程教育认证网络。FEIAP 同样以成果导向教育理念为基础建立认证体系,目前韩国工程教育认证委员会等13个机构认证的专业,被认为达到了 FEIAP 工程教育和认证指南的规定要求(APEC 工程师学术要求)(FEIAP,2022)。FEIAP 同样与 IEA 有大量交叉会员,两个组织也分别在官方文件中表明相互承认工程教育项目和学位的等效性。

五、未来趋势:国际基准框架修订的启示

随着新一轮科技革命和产业革命的深刻演化,世界工程教育正在发生着重大变化。为了回应这些变化,2019 年 11 月国际工程联盟(IEA)、世界工程组织联合会(WFEO)邀请由中国工程院和清华大学共同建立的国际工程教育中心(ICEE)等国际组织成立了联合专家组,对 IEA 的《毕业要求和专业能力 GAPC》基准框架 2013 年版进行修订,这项工作得到了联合国教科文组织的支持。本文作者参加了这次修订工作。在修订过程中,专家组广泛多轮次征求了 IEA 会员组织、IEA 和 WFEO 伙伴机构的意见,就一些重要问题形成了共识。2022 年 6 月,IEA 三个教育协议和四个工程师资格协议的会员分别逐一投票,均通过了新修订的基准框架①。

专家组通过多轮调查和反复讨论,确定本次修订仍保留 2013 版的总体框架,在修订中要充分关注六个方面:(一)适应未来工程职业的要求,包括团队合作、沟通、伦理、持续职业发展(CPD);(二)适应新兴技术发展的要求,包括强调数字化学习、主动获从经验中学习、终身学习;(三)适应新兴和未来工程学科与工程实践的要求,包括在掌握工程学科独立方法的同时,加强数据科学和其他相关支持科学的学习;(四)回应联合国可持续目标的要求,包括更加强调技术、环境、社会、文化、经济、金融和全球责任对制定工程技术解决方案的影响;(五)回应多样性和包容性的要求,包括在团队工作、沟通、合规性、环境、法律中,更加强调多样性与包容性;(六)回应智力敏捷性、创造力和创新性的要求,包括在设计和开发解决方案时,更加强调批判性思维和创新能力。

上述关切主要体现在《问题解决范围》《工程活动范围》《知识和态度概述》《毕业要求》《职业胜任力概述》5 个核心表格的内容修订。表格名称最大的变化是将原来的"知识要求"改为知识态度要求,强调了态度在知识学习中的附带性。在具体表述上,有很多修改值得关注,本处仅择要举例,并介绍修

---

① 英文版全文已经在 IEA 官方网站发布,详见 https://www.ieagreements.org/about-us/iea-unesco-and-wfeo-collaboration/。联合专家组委托国际工程教育中心已将修订后的基准框架翻译为中、法、俄、西、阿五种联合国官方语言版本,将由 IEA 择时发布。

改理由①。

工程问题范围。在工程问题与相关问题的冲突维度（WP2,SP2）②，明确将非技术问题纳入到复杂工程问题和广义工程问题的范围，这与工程问题的日益综合化、复杂化的趋势相一致；在分析深度维度（WP3），要求复杂工程问题的解决方案具有创造性和独创性。

工程活动范围。在工程活动可以利用的资源范围上进行了很大的扩展（EA1,TA1,NA1）③，包括"人力、数据和信息、自然、财力和物质资源以及适当的技术，包括分析和/或设计软件"。之所以做出扩展，是因为现在工程活动所能利用的资源远比10年前要丰富，需要予以充分重视。

知识和态度要求。对华盛顿协议、悉尼协议和都柏林协议认证的专业，均增加了"对相关的社会科学有所认识"（WK1,SK1,DK1）④。做出修改主要是强调工程学科与支持性学科的关系，例如社会学和心理学可以支持计算机和工业工程；经济学支持所有传统工程学科。WK5和SK5全面体现了净零碳相关知识的要求，"包括有效资源利用、环境影响、全寿命周期成本、资源再利用、净零碳和类似概念在内的知识，为某个实践领域内的工程设计和操作提供支持"。WK7、SK7和DK7中，均增加了可持续性知识的要求，为简洁表述，在脚注中提及联合国可持续发展目标。主要是确保工程项目在其课程中关注可持续发展问题时，在联合国可持续发展目标的框架内进行，即使具体的学科只是与其中的某些目标有关。

毕业要求。在华盛顿协议和悉尼协议毕业生的工程知识维度，均增加了计算知识（WA1、SA1）⑤的要求，与数学、自然科学、工程基础知识和工程专业知识并列。这里增加的计算知识不同于工具使用，而是指计算基础知识，包括适合工程学科的算法、数值分析、基本优化方法等。在问题分析维度，华盛顿协议毕业生中，要求"基于可持续发展的整体考虑，运用数学、自然科学和工程科学的第一性原理，识别、制定、研究文献并分析复杂工程问题，得出经证实的

---

① 修改重点和修改理由的分析是专家组的集体贡献。本处是作者结合专家组讨论所做的个人理解，不代表官方解释，仅供参考。
② WP是华盛顿协议问题解决范围的缩写，SP是悉尼协议问题解决范围的缩写。
③ EA、TA、NA分别是工程师协议、工程技术员协议、工程技师协议的缩写。
④ WK、SK、DK分别是华盛顿协议、悉尼协议、都柏林协议知识和态度（Knowledge and Attitude Profile）要求的缩写。
⑤ WA、SA分别是华盛顿协议、悉尼协议毕业要求（Graduates Attributes）的缩写。

结论",这表明可持续发展要作为分析复杂工程问题的必要前提。在设计开发解决方案维度(WA3,SA3),也相应提出"适当考虑公共健康与安全、全寿命周期成本、净零碳以及按照要求考虑资源、文化、社会和环境等"。这些要求与2013版相比,明显提高了。在调查维度,强调了研究方法和研究知识(WA4)。在工具使用维度,要求"创造、选择和应用适当的技术、资源以及现代工程和信息技术工具,包括预测和建模,以解决复杂工程问题,并认识到其中的局限性"(WA5)。要求能从最近的技术工具中选择和应用适当的工具,并在无法选择时能创建一个工具。当然,这里不是指创造一个全新的工具,这对四年的学习可能不现实,而是指改进和综合,例如为现有软件增加一个功能,综合两个单独可用的工具,改变现有的模型等。此外,在工程师与世界维度,同样增加了评估可持续发展对相关问题的相关影响(WA6)。在伦理维度,增加了遵守国际法律的要求(WA7)。在个人和团队协作维度,增加了包容性、多学科合作的要求,这里的包容,主要是指团队必须学会与不同背景和不同学习水平的个体合作,团队合作特别是多学科合作是重要挑战,不仅要实现,而且在开始后要维持。

职业胜任力要求。职业胜任力要求与毕业要求有内在的一致性,但是相对概括。在问题分析维度,对工程师、工程技术员、工程技师均要求"在适用的情况下,利用数据和信息技术,对复杂/广义/狭义问题进行定义、调查和分析"(EC3、TC3、NC3)[①]。这里的"利用数据和信息技术"是新增加的。在保护社会维度,均增加了考虑可持续结果的责任(EC6、TC6、NC6)。在持续职业发展维度,均增加了"提高适应新兴技术和不断变化的工作性质的能力",更加强调在技术迅速变化的世界中终身学习的重要性。

总体上,本次修订具有以下主要特点。一是增加。例如可持续发展目标、态度、资源利用方式、净零碳、全生命周期、包容性等新表述;二是细化。例如计算与数据分析能力、工科与社会科学、伦理态度与行为、与利益攸关者的沟通等的表述更为精细;三是分列。例如评估工程对人类、社会、经济和环境的影响等分列在相关维度;四是提高。例如,对创造性和对新兴技术的适应性、在技术变革背景下进行批判性思考等比以往要求有所提高。

准则修订是认证组织适应工程教育发展的必要活动。由于国际基准框架

---

① EC、TC、NC分别是工程师、工程技术员、工程技师职业胜任力(Professional Competencies)的缩写。

不宜频繁修改,预计本次修订将对会员组织未来10年的工程教育认证产生重要影响:一是对教育理念的影响,可持续发展理念和方法将深度融入工程教育体系;二是对课程体系的影响,特别是如何将新兴技术内容融入课程,伦理教育、学生软技能的发展带来新的挑战;三是对教师教学能力的影响,特别是对教师掌握创新性教学方法,将可持续发展融入工科课程提出了更高的要求;四是对工程职业的影响,对工程从业人员的创新性、适应性和终身学习提出了新的要求;五是对专业建设与认证的影响,对专业人才培养能力、认证体系、认证专家都提出了新要求。此外,国际工程联盟国际基准启动后,欧洲工程教育认证网络也启动了标准修订工作。

六、总结与讨论

如果从1922年美国化学工程师学会的认证实践算起,工程教育认证走过了整整一个世纪的历程。通过总结早期认证经验,逐步吸收掌握式学习理论、相信人人皆可成功的教育假设、成果导向教育和质量管理理念,工程教育认证从智力测验的评估方式中摆脱出来,最终成为基于共同体准则的质量保障体系。这一百年里,工程教育认证机构或多或少、或早或晚都遇到了证明抑或改进、重教抑或重学、形式抑或实质、过程抑或结果、整体抑或局部、量化抑或质性、共性抑或差异、国际抑或本土的一系列挑战。这些挑战在工程教育认证体系中形成了多重张力关系,而平衡协调这些张力关系的过程,也是基于准则的工程教育治理的过程。

工程教育认证的发展历程表明,专业认证不仅仅是专业性判断活动,更是工业界、教育界、政府部门和全社会对工程教育如何服务于国家工业化进程和全人类福祉的反思过程。工程教育认证体系发展的动力,既来自工程学科自身的深刻变革,来自工程教育共同体对工程与科学、技术关系的再认识,来自对国家工业竞争力的忧患意识,来自对工程教育自身不足的切肤之痛。

为实现国际互认,我国2005年8月成立了全国工程师制度改革协调小组,2007年3月成立了全国工程教育专业认证专家委员会,2013年6月中国科协代表中国成为国际工程联盟本科教育互认《华盛顿协议》预备会员,2015年4月成立中国工程教育专业认证协会,2016年6月中国科协成为《华盛顿协议》正式成员,2021年3月成立中国工程师联合体。截至2021年底,中国工程教育专业认证协会认证的专业超过1800个。我国与境外相关组织的工程师双边互认也取得了一系列重要进展。中国工程教育认证体系的发展，是工业界、教育界、政府部门共同努力的结果，为推动国际互认、完善中国的现代工程师制度，奠定了坚实基础。

　　面向未来，我国的工程教育认证需要在借鉴国际经验的基础上，深深扎根于中国的工程教育实践。当前，仍然面临一系列严峻挑战，包括如何将立德树人根本要求落实在工程专业建设的全过程，如何通过专业认证激发院校专业和师生个体的内生动力，如何促进工程教育认证与工程师资格认证的有效衔接，如何推动工程师资格的国际互认，如何构建既能反映中国本土实践特征又能融入国际工程教育共同体的话语体系，如何在国际工程教育治理中发挥更大作用，等等。只有直面这些挑战，我国工程教育才能真正形成持续改进的质量保障文化，全面提升人才培养能力和质量保障能力，有效扩大国际话语权和影响力，这也需要包括大学管理者、教师和学生、专业认证机构、行业学会、企业雇主、政府部门等在内的工程教育共同体的协作和努力。

附录三　我国工程教育国际竞争力分析与提升策略
——基于国家优势理论的 5 个方面为观照点[*]

符　杰　乔伟峰　钟　周

一、引言

当今世界正面临百年未有之大变局[①],中国工程教育发展也面临一系列机遇和挑战。经过多年努力,2016 年 6 月中国科协代表我国正式加入国际工程联盟(IEA)本科工程教育学历互认《华盛顿协议》。截至 2019 年底,全国共有 241 所普通高校的 1353 个工科专业通过认证。[②] 实施高等工程教育专业认证,有利于进一步提高高等工程教育质量,推动我国高等工程教育改革,加强国际互认,提升我国高等工程教育国际竞争力[③]。2020 年 5 月,美国政府发布了长达十六页的对华战略政策,声明要与中国竞争,同时将采取公开的施压方式从经济、军事、政治多领域全面遏制中国的发展[④]。2020 年 6 月 1 日,美国政

---

[*]　本文原载《中国高校科技》2021 年第 12 期。
[①]　习近平:努力开创中国特色大国外交新局面[EB/OL].(2018-06-23)[2020-03-08] http://www.xinhuanet.com/politics/2018-06/23/c_1123025806.htm.
[②]　中国工程教育专业认证协会.关于发布已通过工程教育认证专业名单的通告.[EB/OL].(2020-07-21)[2021-03-08] http://www.moe.gov.cn/s78/A08/tongzhi/202007/W020200721423281799857.pdf.
[③]　支希哲,韩阿伟.高等工程教育专业认证的问题及对策[J].中国高校科技,2015(04):44-47.
[④]　United States Strategic Approach to the People's Republic of China[EB/OL].(2020-06-21)[2021-03-08] https://www.whitehouse.gov/wp-content/uploads/2020/05/U.S.-Strategic-Approach-to-The-Peoples-Republic-of-China-Report-5.20.20.pdf.

府发布公告,宣布暂停我国部分非移民学生和研究人员入境①,其主要限制对象是 STEM 专业学生与研究人员。面向复杂的国际形势和我国 2035 年远景目标,强化战略科技力量,促进科技自主自强,支撑高质量发展,必须加快教育强国建设,特别是要全面提升中国工程教育的国际竞争力。但是究竟什么是工程教育国际竞争力,目前仍处于探索阶段。本研究从高等教育的五大职能入手,将工程教育国际竞争力定义为一个国家或地区的工程教育在人才培养、科学研究、社会服务、文化传承与创新、国际交流与合作等方面,与其他国家相比所有拥有的相对优势和能力。同时,借鉴波特国家竞争优势理论中的钻石模型,尝试构建中国工程教育国际竞争力分析框架,分析我国工程教育国际竞争力现状,并为提升我国工程教育国际竞争力给出相应建议。

二、工程教育国际竞争力研究回顾与分析框架探索

经济领域较早从能力的角度定义国际竞争力(Competitiveness)。例如,1985 年世界经济论坛(WEF)的认为竞争力是"一个企业能比国内外竞争对手更优质量和更低成本的产品与服务的能力"。在 WEF 的《全球竞争力报告》中,更具体地将竞争力定义为使一个经济体能够更高效利用生产要素的属性和特征②。美国竞争力政策委员会将国际竞争力定义为"一国既能提供满足国际市场检验标准的产品和服务,又能长期持续地提高国民生活水平的能力。"经济合作与发展组织(OECD)将国际竞争力定义为"一国能够在自由公正的市场条件下生产产品和服务,而这些产品和服务既能达到国际市场的检验标准,又能使该国人民的实际收入保持不变并有所提高的能力"③。由以上定义可知,从根本上来说国际竞争力是一种能力,即一个国家、企业、组织参与国际竞争的能力。

教育国际竞争力的研究大都可追溯到世界经济论坛的国际竞争力报告。例如,有研究者认为教育国际竞争力是在国际教育竞争中所拥有的竞争优势

---

① 美国驻华大使馆和领事馆. 暂停中华人民共和国部分非移民学生和研究人员入境 [EB/OL] (2020-03-10) [2017-07-04] https://china.usembassy-china.org.cn/zh/proclamation-on-the-suspension-of-entry-as-nonimmigrants-of-certain-students-and-researchers-from-the-peoples-republic-of-china/.
② Klaus Schwab. The Global Competitiveness Report 2018[R]. Switzerland:The World Economic Forum, 2019.
③ 陈左. 国际竞争力理论及其启示[J]. 经济问题,1998(08):7-9,13.

和比较优势(薛海平等,2006)①;而高等教育竞争力是一个国家的高等教育产出在和别国比较时所具有的相对优势和能力,内涵包括高等教育发展水平、对人力资源的贡献、对经济的贡献和对知识创新的贡献(王素等,2010)②。又例如,查建中等(2010)提出从市场、资源、机制、过程和产出目标维度分析和评价工程教育体系的国际竞争力,进而找出目标与现状的差距来制定竞争力提升策略③。

竞争优势理论为主要内容的国家竞争力理论有助于理解工程教育国际竞争力。竞争优势理论可以溯源到亚当·斯密的绝对优势理论和李嘉图的比较优势理论。前者认为在国际贸易中一个国家的出口竞争力有赖于实现最低的生产成本,后者则认为一国的竞争力取决于物质禀赋的投入④。在当今时代具有重大影响的竞争优势理论是波特在1990年提出的国家竞争优势理论。波特认为生产要素的比较优势并不足以解释丰富多元的贸易形态。技术的变迁、足以比拟的资源条件、全球化趋势使比较优势理论失效⑤。国家竞争优势理论的核心是钻石模型,即一个国家某种产业能否在国际竞争中取得优势地位主要取决于六种影响因素(表1)⑥。

表1 波特钻石模型的六项关键影响因素

影响因素	因素说明
要素条件	一个国家在特定产业竞争中的生产力,主要包括基础要素(自然资源等天然禀赋条件)和高级要素(劳动力和基础设施水平),并且高级要素发挥更为重要的作用。
本国需求条件	本国市场对该项产业提供的产品或服务的需求程度。
相关和支持产业	某项产业上游供给产业情况,以及其他相关产业是否具备国际竞争优势。

---

① 薛海平,胡咏梅.国际教育竞争力的比较研究[J].教育科学,2006(01):80-84.
② 王素,方勇,苏红,李协京.中国教育竞争力:评价模型构建与国际比较[J].教育发展研究,2010,30(17):1-6.
③ 查建中,陆一平.中国高等工程教育国际竞争力指标体系初探[J].中国高教研究,2010(02):11-15.
④ 程恩富,丁晓钦.构建知识产权优势理论与战略——兼论比较优势和竞争优势理论[J].当代经济研究,2003(09):20-25+73.
⑤ 迈克尔·波特.国家竞争优势[M].华夏出版社.2002:1-3.
⑥ 迈克尔·波特.国家竞争优势[M].华夏出版社.2002:65-122.

续表

影响因素	因素说明
企业战略、结构与竞争对手	企业的战略、组织结构，以及国内市场竞争对手是否具有竞争力。
机会	可能形成机会、影响产业竞争的几种情况，包括科技创新、生产成本变化、国际金融发生重大变化、市场需求剧增、战争等。
政府	政府政策是升级生产要素的关键之一。

国家竞争优势理论运用于工程教育国际竞争力分析的适切性讨论。在以往的教育国际竞争力研究中，不乏使用钻石模型的先例[1][2]。钻石模型以不同国家的产业为分析对象，产业是由企业构成，产业竞争的关键在于企业的产品。首先，已有不少学者指出，教育是一项产业[3][4]。工程教育无疑也是一项公共产业。其次，与产业类似，工程教育的开展单位是高校，可以对标产业中的企业。最后，工程教育有具有国际可比的"产品"，即：工程人才、工程科技知识、社会服务、工程文化等等。工程教育国际竞争也正是在这些"产品"之上的竞争。工程教育是拥有国际可比产品的产业，因而，国家竞争优势理论可以用于分析工程教育国际竞争。基于波特国家竞争优势理论的钻石模型，本研究提出中国工程教育国际竞争力分析模型（图1），从以下五个因素来讨论我国工程教育国际竞争力：要素条件、需求条件、相关和支持性产业、高校战略结构与竞争对手和机会。由于我国工程教育以公立为主的特殊性，实际在以上五个因素中都天然包含有国家政策的影响。此外每一项分析都直接指向政府的政策，因此不单独将政府作为一个因素讨论，而是在五大要素中分别讨论。

三、中国工程教育国际竞争力分析

1. 要素条件：工程教育师资队伍缺乏实践经历，工科学生规模庞大、但能力发展不均衡，工程教育经费有待提高，工程教育基础设施较好

要素条件即工程教育开展的基础条件。波特认为要素条件中最重要的是

---

[1] 陈衍,房巍,于海波.中国成人教育国际竞争力比较分析[J].教育研究,2012,33(09):104-110.
[2] 周群英,徐宏毅,胡绍元.高等教育国际竞争力比较研究[J].武汉理工大学学报(社会科学版),2010,23(06):903-908.
[3] 厉以宁.关于教育产业的几个问题[J].高教探索,2000(04):14-19.
[4] 袁振国.发展我国教育产业的观念创新与政策创新[J].教育研究,2002(04):10-14.

附录三　我国工程教育国际竞争力分析与提升策略——基于国家优势理论的5个方面为观照点

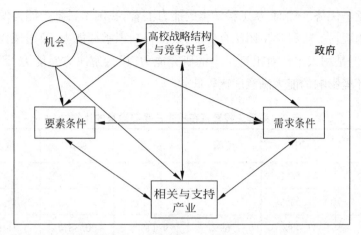

图1　基于波特国家竞争力模型的中国工程教育国际竞争力分析模型

高级要素条件。工程教育高级要素条件中首先是人力资源,其中最核心的是工程教育师资队伍。有研究指出,自1995年以来,我国普通高等工程教育的师生比持续下降且都低于同期普通高等教育的师生比,高等工程教育师资投入严重不足。此外,中国工程教育的师资还存在高学历、高学术水平,但缺乏工程实践经历的问题①。吴启迪(2007)认为我国工科教师普遍缺乏工程经历,严重影响工程教育质量②。《中国工程教育质量报告2016》也指出我国工程教育教师的深层教学投入不足,在教学研究与改革方面亟需加强,教师的实践能力偏弱,青年教师工程经历普遍缺乏。尤其学生对教师的工程实践能力满意度不高③。工程教育师资队伍建设是我国工程教育面临的一个重要挑战。

工程教育中的第二个高级要素条件是工程教育学生。首先从规模上说,教育部统计,自1949年新中国成立以来,我国工程教育为社会培养了2000多万的工程科技人才。工科类本科在校生数占据整个高等教育在校生总数的三分之一左右,从在校生规模上看,中国工程教育已稳居世界第一,名副其实地成为世界工程教育大国。比较而言,发达国家如美国、英国、德国的工科学生比例分别约为7%、9%、21%,详见下表。在工程教育学生规模上,我国工程教

---

①　范如国,冯晓丹,范如君.高等工程教育投入对经济增长的影响——基于状态空间模型及中介效应检验的长期动态分析[J].武汉理工大学学报(社会科学版),2017,30(03):60-66.
②　吴启迪.我国工程教育的改革与发展[J].中国高等教育评估,2007(04):5-9.
③　教育部高等教育教学评估中心.中国工程教育质量报告(2016—2025),中国工程教育准备好了吗?[R]北京:教育部高等教育教学评估中心,2017.

育具有竞争优势。然而,从工科学生的能力上看,我国工科学生能力发展不均衡的问题明显。工科学生团队合作能力、工程知识掌握能力、使用现代工具能力较强,但是用人单位对工科学生的研究能力、设计解决方案能力、评价工程实践对环境影响的能力满意度比较低。①

表2　高等工程教育在校生占高等教育的比例②

年份\国家	中国	美国	英国	德国	俄罗斯
2019	33.58%				
2018	33.54%				
2017	33.43%	7.69%	9.11%	20.38%	21.56%
2016	33.33%	7.07%	9.41%	20.74%	22.16%
2015	33.28%	7.06%	9.31%	21.04%	21.54%
2014	33.22%	7.65%		21.00%	25.63%

数据来源:OECD官网,《中国教育统计年鉴》。

第三个高级要素是工程教育经费投入。吴启迪(2007)指出我国高等教育尤其是工程技术教育经费的投入严重不足。有研究(2017)统计了1995—2013年我国高等工程教育经费投入情况,我国高等工程教育规模迅速扩大,但相对于高等工程教育规模增速而言,工科教师投入以及教育经费投入仍显不足。教育部高等教育教学评估中心的问卷调查也显示,教师对于工程教育"教学经费"较不满意。③总体而言,经费不足依旧是制约我国工程教育国际竞争力提升的重要因素。

第四个高级要素是工程教育基础设施。工程教育的基础设施主要是指校舍、实验室、图书馆等等。教育部高等教育教学评估中心的问卷调查显示,教师对学校的"计算机、网络以及图书资源""教室、实验设备"相对比较满意。但是对于"学校能够提供达成培养目标所必须的基础设施"等方面较

---

① 教育部高等教育教学评估中心. 中国工程教育质量报告(2016—2025),中国工程教育准备好了吗?[R]北京:教育部高等教育教学评估中心,2017.

②③ 数据来源:OECD数据网站 https://data.oecd.org/students/tertiary-graduates-by-field.htm、《中国教育统计年鉴》

不满意①。同时,考虑到数据可得性与国际可比,也可参考中国总体基础设施水平。从世界经济论坛总体基础设施水平统计数据来看,2017年中国的基础设施水平在137个国家中排名第47位,处于中等偏上水平,相比2007年上升18个名次。改革开放以来,伴随着经济的腾飞,中国基础设施建设取得了巨大成就,近年来与日本、美国、韩国等发达国家的差距显著缩小,但差距仍然明显②。整体来看,我国工程教育的基础设施水平相对较好,但仍有提升空间。

2. 需求条件:国内市场对工程人才需求庞大,学生选择工程专业的意愿不足

工程教育的需求条件就是国内对工程教育的需求。工程教育的需求条件主要有两个,第一是国内市场对工程人才的需求。朱高峰(2016)认为工程教育面向的需求不只是工业和制造业,第一产业和第三产业也需要工程教育培养大量人才。此外,中国现阶段还需要进行大规模基础设施建设,面向可持续发展实现转型升级,工程项目走出去,等等,这些都需要数量众多的工程技术人才作为支撑③。清华大学国际工程教育中心《构建工程能力研究报告》指出,中国当前工程人才缺口仍然十分巨大④。

工程教育第二个关键需求条件是学生选择学习工程专业的意愿。尽管我国工程人才的缺口巨大,但当前工程专业在招生时却频繁遇冷,尤其是一些传统工科,形成"逃离工科"的现象⑤。"逃离工科"现象发生的原因是多方面的,主要包括工程师社会地位下降,以及工程行业薪资偏低,教育收益率不高。李春玲(2005)基于2001年全国抽样调查数据,依据职业声望和社会经济地位指数测量当代中国社会的声望分层情况,工程师属于社会声望极高的职业,其职业声望得分在全国各个职业中排名第四⑥。然而,2009年工程院对全国5000

---

① 数据来源:OECD数据网站 https://data.oecd.org/students/tertiary-graduates-by-field.htm,《中国教育统计年鉴》.

② Worldbank. Quality of infrastructure[EB/OL]. [2019-12-30]. https://tcdata360.worldbank.org/indicators/h2cf9f9f8?country = CHN&indicator = 536&countries = USA, KOR, JPN, RUS&viz = line_chart&years = 2007,2017&indicators = 944.

③ 朱高峰.关于中国工程教育发展前景问题[J].高等工程教育研究,2016(03):1-4.

④ 国际工程教育中心.构建工程能力研究报告[R].北京:国际工程教育中心,2018.

⑤ 工科尴尬"遇冷"背后,社会心理浮躁[EB/OL].(2013-3-28)[2019-12-31]. http://news.sciencenet.cn/htmlnews/2013/3/276144.shtm?id=276144.

⑥ 李春玲.当代中国社会的声望分层——职业声望与社会经济地位指数测量[J].社会学研究,2005(02):74-102,244.

名工程科技人员做的调查显示,8成以上的受访者认为工程师的社会地位"一般"或"偏低",仅54%的人表示对个人薪资满意①。不到十年间,工程师的职业声望出现了大幅下降。清华大学"国家重大工程项目中工程师成长机制研究"课题组抽样调查发现尽管工程师群体受教育程度较高,但教育收益远低于全国各行业平均值。2012年仅有10%收入超过11万元,80%工程技术序列工程师年收入不超过7万元②。工程师的偏低的薪资水平毫无疑问影响到学生选择学习工程专业的意愿。从需求条件来看,一方面国内市场对工程人才需求庞大,这是工程教育竞争力的优势。另一方面由于薪资与声望等因素影响,学生选择工程专业的意愿却不足,需求与供给的不匹配形成了劣势。

3. 相关与支持行业:我国工程教育在相关和支持行业方面具有竞争优势

工程教育的主要相关与支持行业是高等工程教育上游的各个阶段教育。主要影响因素是工程教育上游各阶段教育的规模和质量,尤其是与高等工程教育息息相关的STEM教育。据2019年教育部统计显示,我国学前教育毛入学率为83.4%,小学学龄儿童净入学率为99.94%,初中阶段毛入学率为102.6%,高中阶段毛入学率为89.5%,高等教育毛入学率为51.6%,各个阶段入学率较上年都有不同程度的提升③。此外,在PISA等国际评测中,中国长期处于世界一流水平,一定程度也能说明中国基础教育质量比较具有竞争力④。按高等教育大众化理论,中国高等教育已经发展到了即将从高等教育大众化向高等教育普及化迈进的历史性时刻,但与传统工程教育强国如美国、德国等国家的高等教育普及程度还有较大的差距。另外值得注意的是,STEM教育调查报告显示,中国STEM教育经费保障的学校、政府、非政府和企业联动机制需要加强⑤。总体而言,中国的基础教育、中等教育,为中国高等工程教育打下了较为坚实的基础。

---

① 8成人认为工程师社会地位一般[EB/OL].(2009-12-28)[2019-12-31]. http://news.sina.com.cn/c/2009-12-28/044216841809s.shtml.
② 李曼丽,田原真.这些年,谁在做"中国制造"工程师?[N].中国青年报,2015-11-12(007).
③ 教育部.2019年全国教育事业发展统计公报[EB/OL].(2020-05-20)[2021-03-11]. http://www.moe.gov.cn/jyb_sjzl/sjzl_fztjgb/202005/t20200520_456751.html.
④ 财新网.中国学生重回PISA榜首,专家提醒理性看待.(2019-12-04)[2019-12-28].[EB/OL] https://www.caixin.com/2019-12-04/101490672.html.
⑤ 中国教科院STEM教育研究中心.中国STEM教育调研报告[R].中国:中国教科院,2019.

工程教育的另一个重要的相关与支持行业是国家的工业,工业相关部门可以为工程教育提供实习实践机会,是工程人才培养的重要组成部分,更是工程人才的主要就业去向。在工业中尤其重要的是制造业,制造业水平是一个国家的工业水平的重要体现。中国是制造业大国,被誉为世界工厂。依据德勤《全球制造业竞争力指数》报告,中国在全球制造业竞争力指数排行榜中,2010年、2013年、2016年连续三次排名全球第一①。此外,中国工程院战略咨询中心等单位联合发布的《2019中国制造强国发展指数报告》显示,中国制造业居于全球第三阵列的前列,在美国、德国、日本之后,排名全球第四②。另一方面,也要看到中国制造业在核心技术领域与全球顶尖水平的国家还有较大的差距③。中国全国政协经济委员会副主任、工信部前部长苗圩在2021年全国政协会议上表示,中国在全球制造业四级梯队格局中处于第三梯队,要实现制造强国目标至少还需30年。总的来看,作为工程教育相关支持行业,中国制造业以及中国工业在世界范围内极具竞争力,这对于中国工程教育国际竞争力而言是巨大的优势。

4. 高校战略结构与竞争对手:我国工程学科具备一定的国际竞争力,但高校间低水平竞争态势不利于工程教育国际竞争力提高

高校战略结构与竞争对手指的是作为开展工程教育主体的高校的发展战略如何,以及作为竞争对手的国内高校是否具有竞争力。波特认为影响国际竞争力的一个重要因素是组织的发展战略和国内市场竞争。发展战略关系到组织的发展方向与前景,重要性不言自明。国内市场竞争的意义类似于鲶鱼效应,较高水平的国内竞争有益于培养国际竞争力。从高校发展战略来看,我国工科院校发展中战略规划存在不少问题,主要是各个高校定位不准、战略规划目标趋同,不能很好地发挥自身特色。我国地方重点工科院校的战略发展目标和定位呈现相似化趋势,各个学校个性不明显。基本把争创多科性或综合性的"一流大学""高水平大学"等作为自己的发展目标④。此外,由于高校

---

① 德勤. 全球制造业竞争力指数 2016[R]. 英国:德勤,2016.
② 2019制造强国发展指数:中国位居全球第四,制造业生产率不足美两成[EB/OL]. (2019-12-30)[2019-12-31]. https://mp.weixin.qq.com/s/UuPrDlk20dh2fkRVxS1j9g.
③ 路透社. 中国要实现制造强国目标至少还需30年 市场化改革还不到位—前工信部长(2021-03-11)[2021-03-07] https://cn.reuters.com/article/china-economy-outlook-0307-sun-idCNKBS2B001R.
④ 吴小节,汪秀琼,谢卫红,黄山. 地方重点工科院校战略定位的现状、问题与对策——基于广东工业大学等11所院校的实证分析[J]. 高教探索,2010(03):54-59.

管理理念和管理体制的束缚,高校发展基本依靠政府行政指令和领导个人意志来推动,而学校自身缺乏主动性,导致学校发展陷入惯性发展和被动发展的路径依赖中①。另外,即便高校有了自身的战略规划,也会因为种种原因不能很好地执行。别敦荣(2015)指出我国高校战略因为以下原因而不能很好地执行:高校习惯于按指令办学、无目标办学、模糊地发展和办学、处于紊乱发展状态②。因而院校是否能制定科学合理的发展战略并严格执行是影响我国工程教育国际竞争力的一个重要因素。

高校工程教育学科国际排名一定程度上可以作为评估我国高校工程学科水平的参考。以2020年泰晤士高等教育大学排行榜工程教育学科排名为例,中国共有72所中国高校上榜,其中有9所高校进入全球前100名,详情见下表。总体看来,中国高校工程教育专业与工程教育第一大国美国相比有一定的差距,但整体实力不俗,不弱于英国、日本、德国等传统工业强国。以排名来看,我国高校的工程学科具备了一定的国际竞争力,这对于我国工程教育整体的国际竞争力而言是一大优势。

表3 2020年泰晤士报高等教育大学排行榜工程教育学科排名情况③

国家	上榜高校数	排名前100高校数	最高排名
美国	143	37	1
日本	76	4	31
中国	72	9	13
英国	52	9	3
德国	25	6	25

表4 泰晤士报大学排行榜工科专业排名前100高校数量

年份 \ 国家	中国	美国	英国	日本	德国
2020	8	37	9	4	6
2019	9	35	8	4	6
2018	8	29	10	5	6
2017	7	34	11	4	6
2016	6	30	9	5	5

---

① 刘强.论战略管理与高校内涵式发展[J].黑龙江高教研究,2019(06):6-11.
② 别敦荣.高校发展战略规划的理论与实践[J].现代教育管理,2015(05):1-9.
③ World University Rankings 2020 by subject: engineering and technology[EB/OL].(2019)[2019-12-25]. https://www.timeshighereducation.com/world-university-rankings/2020/subject-ranking/engineering-and-IT#!/page/0/length/100/locations/US/sort_by/rank/sort_order/asc/cols/stats

附录三　我国工程教育国际竞争力分析与提升策略——基于国家优势理论的 5 个方面为观照点

国内高校之间的竞争态势是我国工程教育是否具备国际竞争力的重要因素。波特认为激烈的国内市场竞争所带来的的压力,会提供改进和创新的原动力。由于历史原因,我国高校身份固化现象比较严重,当前我国工程教育高校间整体处于低水平竞争状态,学校实力的马太效应比较明显。从招生来看,由于中国目前的高校招生的特点,即分省定额、平行志愿、一名考生只能被一所高校录取,而不像国外可以同时获得多所院校的录取通知书。与国外高校相比,中国高校之间对生源的竞争并不算激烈。另外,我国高校以公立为主,其经费来源主要是政府拨款。有研究认为从政府经费投入来看,政府对高校的经费分配不是基于绩效考核,而是单纯的行政划拨[①],由于身份固化的缘故,高校经费竞争强度不算大。另外,我国高校当前的竞争主要集中在科研领域,我国高校在大学评价及资源分配过程中,科研处于绝对主导地位,教学状况和人才培养被放在次要位置,甚至无足轻重的位置[②]。高等教育的首要职能是人才培养,单纯科研导向的评价和竞争机制亟待改善。总体而言,我国工程教育高校目前的低水平竞争态势不利于工程教育国际竞争力提高。

5. 机会:新技术革命、国际形势变化和国家战略给我国工程教育国际竞争力的提高带来机遇

机会指的是会影响到工程教育竞争格局的情况,包括国际政治经济局势的变化、新技术的发展等等。当前复杂多变的国际局势为我国工程教育带来新的挑战。国际大环境来看,当前世界正面临"百年未有之大变局",自冷战结束后全球化的良好势头出现变数。2018 年起,美国主动挑起中美贸易摩擦,与此同时,美国国内孤立主义、贸易保护主义再次抬头,特朗普政府挥舞关税大棒,为全球化进程抹上阴影。中国将面对更严厉的科学技术封锁,STEM 专业学生赴美留学会受到更大的限制[③]。大量国内学生无法前往世界公认工程教育竞争力最强的美国求学,减少了未来优质的留学归国人才,无疑将对我国工程教育人才储备产生不利影响。另一方面,这对中国工程教育而言也是机遇。

---

① 段世飞,刘宝存.公平与效率:"双一流"建设背景下高等教育改革探析[J].教育导刊,2017(03):70-74.

② 张应强.大学教师的专业化与教学能力建设[J].现代大学教育,2010(04):35-39、111.

③ U.S. government limits exports of artificial intelligence software[EB/OL].(2020-01-04)[2020-01-05]. https://www.reuters.com/article/us-usa-artificial-intelligence/u-s-government-limits-exports-of-artificial-intelligence-software-idUSKBN1Z21PT.

正因如此,将有更多的学生在我国工程教育体系下完成学业并直接进入国内市场,客观上对我国工程教育的发展提出了更高的要求,同时减少了优秀工程人才的流失,也一定程度上能够倒逼我国工程教育能力的提升。新技术的发展给我国工程教育带来机会。人工智能、5G、物联网、云计算、区块链等新技术蓬勃发展,引领新一轮工业革命。各国政府纷纷启动部署战略,如美国的"工业互联网战略"、德国的"工业4.0"、日本的"日本再兴战略"、中国的"中国制造2025"等等,都将对工程教育发展产生重大影响①。新技术的飞速发展将给我国工程教育发展带来重大机遇,一方面是直接需要一大批工程科技人才参与研发,另一方面这些技术的运用还需要工程人才来实现,所以随着这些技术的发展,我国工程人才的需求还将继续扩大。工程人才来源于工程教育的培养,这对我国工程教育的发展提出了更高的要求。另外,信息技术对于工程教育形式也会产生直接的影响,例如虚拟现实、虚拟实验室、MOOCs等给工程教育教学模式的革新带来新机遇。

四、中国工程教育国际竞争力提升策略

本文借鉴国家竞争优势理论,从要素条件、需求条件、相关与支持行业、高校战略结构与竞争对手、机会等五方面分析探讨了我国工程教育现状以及在国际竞争中的优势劣势,为进一步提高我国工程教育国际竞争力,建议从以下几方面着手。

1. 加大高级要素条件投入

加大对工程教育人力资本的投资,提高工程教育教师队伍的素质,贯通专家在工业界与学界的流通渠道,改进工科教师评价机制。长期以来,中国学校人员经费占比低于国际水平,教师收入水平相对较低②,这造成了高层次工程人才的流失,极大地影响了工程教育教师队伍建设。同时工科教师也长期被诟病缺乏实践经验。应该提高教师待遇,吸引更多优秀人才充实工程教育教师队伍。贯通专家在工业界与学界的流通渠道,让有实际工程经验的工程专

---

① 吴岩.新工科:高等工程教育的未来——对高等教育未来的战略思考[J].高等工程教育研究,2018(6).
② 杨蓉,刘婷婷.中国教育经费配置结构分析——基于历史趋势和国际视野的双重探讨[J].全球教育展望,2019,48(06):46-61.

家能够更容易进入教师队伍。同时也要改进教师评价机制,调整以科研,尤其是以论文发表为主要导向的教师评价机制,鼓励学校工科教师积极参与工程实践,将实践成果与创新纳入工科教师评价体系。

要加大工程教育基础设施及研究投入,鼓励设置工程教育专业,设立工程教育研究基金。早在2002年,美国科学基金会率先提出"把工程教育作为一个专门的研究领域",成立工程教育资助部门,大量资助工程教育研究,以进行"严谨、规范的研究"[①]。美国在全球的科研霸主地位,很大程度上是来源于大幅度的科研资助。此外,为应对中国的竞争,2020年美国国会立法将美国国家科学基金会更名为国家科学技术基金会,更名后科学和技术部门将分别拥有一位副主任。同时,四年内经费增加四倍,五年增加一千亿美元预算[②]。在此情况下,我国应继续加大对工程教育的投入,一方面加强工程教育基础设施,包括实验室、校企合作基地建设,另一方面,也要加强工程教育的研究,鼓励高校设置工程教育专业,增加工程教育研究经费。提高工程教育经费,一方面可以加大政府财政拨款,另一方面要鼓励企业捐赠,尤其是工程相关企业承担一部分工程教育经费投入。

2. 改善需求条件

更新工程教育培养理念,改进培养方式,提高社会对工程教育的认可度,提升学生选择就读工科专业的意愿。高校应该以面向未来的创新型复合型工科人才为培养目标,采取跨学科培养方式,着重培养通用技能,提高学生解决问题的能力、应变能力、团队合作能力、沟通交流能力,即便不去工程界,依旧能够具备在多个行业立足的竞争力,从而提升学生选择就读工科专业的意愿。同时,积极推进"强基计划",专门选拔有志于服务国家重大战略需求、有基础学科特长的拔尖学生。另外,要继续推动工程教育专业认证,加强工程教育质量保障,进一步提高我国工程教育国内和国际认可度。

同时,推崇尊重技术、尊重工程师与技术人员社会风尚,提高工程师待遇与社会地位。国际社会越来越重视工程行业、工程教育与工程人才,采用多种

---

① 吕萌,孔寒冰.工程教育可持续创新的基础——兼评美国NSF的两项计划[J].高等工程教育研究,2008(01):34-38,65.

② Jeffrey Mervis. U.S. lawmakers unveil bold $100 billion plan to remake NSF[EB/OL]. (2020-05-26) [2020-06-08] https://www.sciencemag.org/news/2020/05/us-lawmakers-unveil-bold-100-billion-plan-remake-nsf.

方式提高公众对工程关注度与认可度,以美国为例,美国工程院设立了以拉斯奖、戈登奖、德拉普尔奖工程学界三大奖为代表的诸多工程奖项,对于传播工程师文化起到了重要作用。2019年第20届世界工程组织联合会(WFEO)决议将每年的3月4日定为世界工程日。目前世界已有55个国家设立了工程师日,中国还没有工程师相关的纪念日。中国拥有世界上最大的工程师群体,工程师为中国的发展做出了巨大贡献,社会与媒体对于工程师的关注度却不高,中国应当大力弘扬工程师文化,具体来说,可以考虑设立工程师节。事实上,早在2016年、2019年的"两会"期间,中国科协副主席冯长根教授等代表就曾建议设立工程师节。工程师节设立有助于提高全社会对工程学科及工程师的认知度与认可度。

3. 巩固相关和支持行业

巩固工程教育上游教育的良好发展势头,以"顶石课程"(Capstone Course)、联合证书项目等方式切实推进产学合作协同育人。继续保持高质量的义务教育,在中小学大力开展高质量STEM教育,可在时机成熟时尝试推行12年义务教育,为高等工程教育打好基础,提供源源不断的优质生源。加强产学合作、促进产教融合协同育人。我国是工业大国、制造业大国,拥有丰富的实习实践资源,但工程教育中缺乏实践一直饱受诟病。专业理论教学比重大,工程实践特征的教学薄弱,仍是我国高等工程教育存在的主要问题之一,尤其是综合性的实践训练不足,成果导向性弱,导致培养出的高等工程技术人才缺乏创新及系统解决工程问题的能力[①]。应当改进工程教育教学模式,开设"顶石课程",并与产业界、企业建立紧密合作关系,为学生提供真实工程实践环境。以学生为中心,基于项目、做中学,在真实场景中真刀真枪培养学生的工程实践能力和创新能力。有条件的高校可以与高水平企业共同开发工程人才培养证书项目,完成培养环节通过考核的学生可以获得高校和企业共同授予的认证证书。

4. 调整高校战略结构与竞争态势

调整高校发展战略结构与竞争态势,促进工科院校深度合作,引导高校间

---

① 王路,王振宇,赵海田.中国高等工程教育模式实践变革中的问题与对策[J].黑龙江教育学院学报,2018,37(06):10-12.

形成良性竞争。国家应该在制度层面引导高校形成良性竞争,调整当前以科研为导向的竞争模式,把人才培养放在高校评价的首要位置,激励高校改进教学工作,切实提高教学质量,培养更高质量的工程人才。管理部门应适当放权,给予高校在战略规划发展上更大的自主权,各院校在发展过程中则需发挥主观能动性。推进世界一流大学和世界一流学科建设,破除高校身份固化壁垒,形成良性竞争。工科院校应依据自身学科特色和发展基础制定个性化、差异化发展战略,而非个个争创"世界一流"。鼓励工科院校间深度合作,建立有国际影响力的工程教育共同体,在招生、培养、科研等各个层面进行交流合作,形成富有成效的互动机制。以招生为例,曾有部分高校开展了联合自主招生的尝试,包括:以北京大学为首的"综合性大学自主选拔录取联合考试"(即"北约"),以清华大学为首的"高水平大学自主选拔学业能力测试"(即"华约")等自主招生合作,丰富了高校招生的手段。目前"强基计划"已经取代自主招生,理工科也是"强基计划"的主要招生学科方向,高校可以结合以往自主招生的经验,在开展"强基计划"时,尝试针对工科人才进行相应的跨校联合招生。

5. 抓住机会

响应国家重大发展战略,在信息技术飞速发展与激烈的国际竞争中大力发展工程教育,培养高端工程科技人才。面对欧美国家的技术封锁,一方面,中国应坚定不移走自主创新道路,突破高端芯片制造等卡脖子难题。抓住中国在人工智能、5G 等技术上的优势,大力发展和运用人工智能、区块链等技术,在新的技术竞争中培养顶尖工程科技人才。同时,也要在工程教育中大力推广使采用新技术,如 MOOCs、虚拟现实等等,丰富工程教育教学方式。推进工程教育信息化,以信息化促进我国工程教育转型升级,提升我国工程教育国际竞争力。另一方面,中国工程教育应该张开双臂,更加积极开展国际工程教育合作。我国的产业升级需要的大量具有理论联系实际、能在国际环境下工作并解决实际问题能力的高质量复合型人才。[①] 工程教育机构要积极参与校际、国际合作,努力提升人才培养与科学研究的国际化水平。引进全球工程教育顶尖人才,吸引优质生源,参与国际组织与国际研究合作。2019 年 12 月,浙

---

① 查建中.大力发展工科教育的产学合作与国际化(上)[J].中国高校科技与产业化,2006(07):63-65.

江大学工程教育创新中心与普渡大学工程教育系签署战略合作协议就是有益的尝试①。当前我国"一带一路"倡议、雄安新区建设、粤港澳大湾区建设等都为工程教育发展并提高国际竞争力提供了的重大机会。例如,2016年教育部《推动共建"一带一路"教育行动》倡议建立"一带一路"教育共同体,重点鼓励沿线各国在交通运输、建筑、医学、能源、环境工程、水利工程等专业领域联合培养学生。我国工程教育与"一带一路"国家可以在以下几方面合作,包括接收留学生、建立大学联盟、加强中外合作办学、促进跨国学生交流、加强教师跨国培训以及在境外设立分校②。通过响应国家战略与重大需求,参与和主导国际合作进一步提升中国工程教育国际影响力和竞争力。

综上所述,在世界正经历百年未有之大变局的新形势下,面向"十四五"时期我国经济社会发展"推动高质量发展"新时代新阶段,工程教育在推动我国高质量发展和全球可持续发展具有重要性、必要性和紧迫性。当前,特别需要引导我国工程教育的重点放在推动高质量发展和促进可持续发展上,坚持创新发展,提升工程教育质量,完善优质、高效、多样、开放的工程教育体系,进一步提高我国工程教育国际竞争力,实现从工程教育大国到工程教育强国的转变。

---

① 浙江大学工程教育创新中心与普渡大学工程教育系签署战略合作协议[EB/OL]（2019-12-09）[2020-06-08]http://www.rids.zju.edu.cn/2019/1209/c2559a1807677/page.htm
② 林健,郑丽娜.从大国迈向强国:改革开放40年中国工程教育[J].清华大学教育研究,2018,39(02):1-17.

后　记

　　进入21世纪，我国工程科技发展突飞猛进，自主创新能力大幅提升，为社会经济发展注入了强大的动力。当前人类社会生存环境越来越呈现出多样化、复杂化的发展趋势。尤其2020年突如其来的新冠疫情，人类社会已经成为休戚与共、命运相连的共同体。唯有借助共同体的优势，共同努力、共同行动，不断加强国际合作，凝聚全球工程师和科学家的力量，才能寻求战胜危机的方法，才能真正实现全人类的可持续发展。

　　《工程教育国际竞争力研究》是在钱易院士的指导下完成的。在指标设计部分，得到北京市教育科学规划重点项目《工程教育国际竞争力监测指标构建研究》（负责人乔伟峰）支持，本研究设计了包含5个维度30余项指标的更加全面的指标体系，借助可得数据，从规模、结构和持续性等方面分析对比了中国与美国、英国、德国、日本、俄罗斯等典型国家的工程教育竞争力水平，客观反映了当前中国工程教育发展的主要差距和问题，并提出针对性建议，以期为推动我国工程教育综合改革提供参考。本研究得到多位院士、专家的指导，包括中国工程院周济、朱高峰等院士、教育部原副部长吴启迪教授、清华大学原校领导余寿文教授、袁驷教授等。

　　清华大学王孙禺教授根据研究需要组织了专门的研究团队。乔伟峰助理研究员、徐立辉研究助理、郭哲博士后等共同拟定了研究大纲和研究思路，并具体推进研究工作。本课题的主要执笔人包括乔伟峰、徐立辉、郭哲、翁默斯、王玉佳、陈会民等，清华大学博士生符杰在文献计量和数据分析方面做了大量细致的工作。在国际工程教育中心实习的北京理工大学硕士研究生王慧文、张仁，北京工业大学硕士研究生聂梦影、陈睿绮等同学在原始资料搜集、公开数据采集和分析方面为研究做出了贡献。在王孙禺教授的指导下，书稿的统稿由乔伟峰、徐立辉、郭哲、潘小春完成。此外，国际工程教育中心研究助理李晶晶、朱盼老师为项目管理做了大量工作。

中国工程院办公厅樊新岩、教育办公室范桂梅、崔兆斌，咨询办公室马守磊、刘剑等老师对项目的推进给予了大力支持。

在此一并致以衷心感谢！

"工程教育国际竞争力研究"课题组
2023年4月